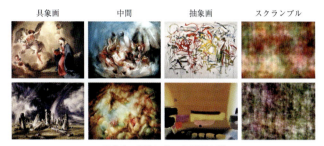

口絵 1　実験に使った絵画の例
→ 本文 49 ページ参照．巻末文献第 3 章 2）より．

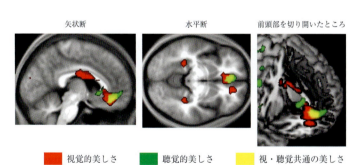

　　矢状断　　　　　　　水平断　　　　前頭部を切り開いたところ

■ 視覚的美しさ　　■ 聴覚的美しさ　　■ 視・聴覚共通の美しさ

口絵 2　絵画と音楽に共通する美の部位
→ 本文 50 ページ参照．巻末文献第 3 章 3）より．

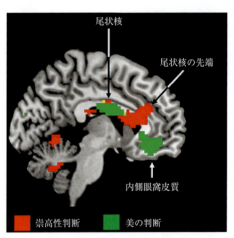

口絵 3 脳内における美と崇高性の分離
→ 本文 51 ページ参照. 巻末文献第 3 章 5) より.

口絵 4　ネコの描いた絵
→ 本文 72 ページ参照．巻末文献第 5 章 1) より．

口絵5 ゾウの絵
→ 本文78ページ参照.

美の起源
アートの行動生物学

渡辺　茂 [著]

コーディネーター　長谷川寿一

KYORITSU
Smart
Selection

共立スマートセレクション
10

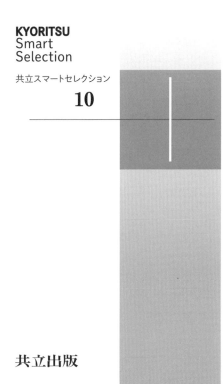

共立出版

まえがき

　動物で美学の研究などというと，ずいぶん酔狂な研究だと思われる．実際，ある週刊誌の「天才博士の異常な愛情」という企画で筆者が取りあげられたこともある．筆者は自分のことを天才だとは思っていないが，異常な愛情も持ちあわせていないつもりだ．心理学の研究室に40年間いたのだが，研究をはじめた当初，動物を使った心理学の研究は相当変わった研究だと思われていた．以来，ことあるごとに，「人間のことを知るためには人間のことだけ研究していてはダメで，他の動物と比較することで初めて人間の特性がわかる」と主張してきた．現在では，「比較認知科学」（異なる動物の認知能力を比較して認知能力がどのように進化してきたかを明らかにする学問）は学問分野の分類の正式名称にもなっているし，少なくとも認知能力については，動物との比較研究が学問領域として定着してきた．よろこばしいことである．

　しかし，「美」となると話は別で，ネズミやハトに絵画を見せているというと，まずなんのためにそのような突飛な研究をしているのかわかってもらえない．なんといっても「美」は高尚なものであるから，鳥や獣とは結びつかない．もちろん，人間の素晴らしい芸術が文化的産物であることに異論はない．しかし，私たちの美意識の基礎にはやはり進化的な基盤がある．この本は，ヒトの美や芸術の特徴を，動物との比較によって明らかにしようとするものである．

　2012年にフランスで，「性選択としての美」という，生物学者ばかりでなく哲学者まで幅広い分野の研究者を集めた国際シンポジ

ウムが開かれた．招待状をもらったとき，おもしろそうだとは思ったが，うまく話が噛みあうかちょっと心配だった．しかし，ナンテール大学（パリ第10大学）でのシンポジウムは活発で楽しいものであった．美というものの起源を進化から考えるという試みは筆者の孤独な作業ではなく，いまや世界的にもその萌芽が見られていることを実感した．その成果は *Current perspectives on sexual selection*[1] として出版されており，この本を書くときの基礎となった．

なおこの本では，美はもっぱらなにかを見たり聞いたりしたときに感じる経験を指している．一方，芸術は美をつくりだすヒトや動物の活動のことを指している．

筆者はこれまでに動物を使った美学の実験をかなりの数報告し，使った動物もサカナから鳥類，哺乳類にまで及んでいる．それらの研究をまとめたものとしては *Emotion of animals and humans*[2] の章として書いたものがあるし，日本語の本でも何回か部分的に取りあげているが，1冊の本としてまとめたものはない．美はもちろん哲学的な課題であろうが，比較認知科学が挑戦すべき課題でもある．動物実験も神経科学も美を研究の射程に入れつつあり，美学は懐手をして考えるだけの研究ではなくなりつつある．この本では美の起源として進化を考える立場の最前線を伝え，そこから逆にヒトの美の特殊性に光をあてることを目指している．共立スマートセレクションのシリーズからは，本書に続き『神経美学の挑戦』（石津智大 著），『人は踊る，動物も踊る』（山本絵里子 著）が発行される予定である．あわせてお読みいただければ美についての理解が一層深まると思う．

2016年7月　　　　　　　　　　　　　　　　　　　　　　　　渡辺　茂

目　次

まえがき ……………………………………………………………………… iii

① 経験科学としての美学の成り立ち ………………………………… 1

　1.1　美学のはじまり　1
　1.2　実験美学―知覚として測定可能な美　4
　1.3　新実験美学―行動に表れる快としての美　6
　1.4　その後の発展　12

② 美の進化的起源 ……………………………………………………… 14

　2.1　普遍的な美はあるのか　15
　2.2　風景の好みと環境の自然選択　18
　2.3　性選択とメスの審美眼―ダーウィンの主張　23
　2.4　カモフラージュ説―ウォーレスの主張　27
　2.5　美はなにかの信号なのか　31
　2.6　「突っ走る」シュールリアリズム　35
　2.7　メスは合理的な判断をするのか　38
　2.8　母子関係と美　39
　2.9　性選択としての美の意味するもの　40

③ 美の神経科学 ………………………………………………………… 42

　3.1　脳の中の快感　42
　3.2　美を感じる脳　46
　3.3　すべての美は同じものか　49
　3.4　どのような変化が起きるのか　52

3.5 脳損傷の不思議な効果—逆説的機能促進　54
3.6 これからの神経美学　56

④ 動物たちの芸術的活動 …………………………………… 57

4.1 美しい鳥の巣　59
4.2 ニワシドリはなんのために巣をつくるか　63
4.3 鳥の歌は音楽か　67
4.4 動物の芸術的行動とヒトの芸術の違い　69

⑤ 動物に芸術を教えられるか …………………………………… 71

5.1 チンパンジーに絵を描かせる　73
5.2 ゾウに絵を描かせる　77
5.3 音楽をつくるか　79
5.4 動物芸術の限界　80

⑥ 動物はヒトの芸術を見分けられるか …………………………………… 82

6.1 漫画を見分けられるか　82
6.2 画風を見分けられるか　86
6.3 上手下手がわかるか　94
6.4 音楽の弁別　97
6.5 どのような動物が絵画や音楽を弁別できるか　104

⑦ 動物はヒトの芸術を楽しむか …………………………………… 106

7.1 絵画の強化効果　108
7.2 音楽で快感を得るか　112
7.3 動物のための音楽を　121
7.4 感性強化としての美に種を超えた普遍性はあるか　123

⑧ 洞窟絵画の謎 …………………………………… 125

8.1 洞窟絵画　125
8.2 なにが描かれているのか　128

8.3 岩　絵　129
8.4 ボディ・ペインティングから絵画へ　131
8.5 アートに先立つ美意識はあったのか　132

文　献 ……………………………………………………… 134

あとがき …………………………………………………… 140

美の心理学（コーディネーター　長谷川寿一）………… 142

索　引 ……………………………………………………… 147

① 経験科学としての美学の成り立ち

1.1 美学のはじまり

　美学という言葉はなんとなく聞いたことがあっても,実際になにをやっているのかわからない人が多いのではないかと思う.高校までに美術の実習はあっても美学の授業はない.美学は上手に絵を描くための術ではなく,ある絵をなぜ美しいと感じるかを考えようという学問である.

　美学という言葉は aesthetic の翻訳なのだが,かつては審美学と訳されていた.文豪にして帝国陸軍医官の森鷗外が馬に乗って三田の山にやってきて慶應義塾で教えていたのは,「審美学」という名前の講義であった.「審美」という言葉には,それが人間の判断に関するものだという印象があり,個人的には審美学のほうが好きだ.ただ,本書では一般に使われている美学を用いる.

　本書は美についての実証的研究を紹介するのが目的だが,美学というものがどのようにできてきたかを素人ながらごく簡単に説明し

よう．歴史的なことをたずねると，ずいぶん昔から美についてのさまざまな議論があったようだが，近代の体系的な美学はアレクサンダー・バウムガルテンが1750年に著した『美学』が出発点とされる．彼は人間の論理的な認識と感性的な認識を分け，美学を感性的知覚の方法論とし，論理的な認識より下位のものと考えている．彼にとって美学はあくまでも哲学の一分野であり，また，なにが美しいかという感覚は基本的に生まれつき備わっているとする立場（合理主義的立場）をとった．一方，経験主義（生まれてからの経験を重視する立場）の伝統が強い英語圏では，美は生まれてからの経験によって形成されるという考え方（経験主義的立場）が主流であった．バウムガルテンから遅れること7年，1757年に英国のエドモンド・バークが若干27歳で『崇高と美の観念の起源』を著している．美における崇高性の登場であった．それまでの美の概念は対称性とか均整といった静的なもので，対象そのものの性質ともいえる．一方，崇高性のほうは見る側の感動，感性なのである．バークは少々変わった人物らしく，1765年に英国国会議員になってからはもっぱら政治活動に専念している（**図 1.1**）．

大哲学者カントも，美と崇高を美学の特性と考え，さまざまなものを美と崇高に分けてみせた．高い樫の木は崇高であり，花壇は美しい，といった具合である．まあ，そういわれれば，そんな気がしないでもないが，つまりはカントの個人的な趣味にすぎない．カントは崇高が人間の道徳とも深くかかわっていることを主張し，また，美が主観的判断であるとしている．つまり，個人の主観的な感じ方だとした．カントは認識論において合理主義（要は生まれつき）と経験主義（生まれてからの経験）の統合を成しとげたということになっているが，美に関しては経験主義の立場をとったようだ．個人に依存するということになると，客観的な美は存在しない

図 1.1 バウムガルテン (1714-1762) とバーク (1729-1797)
近代美学の創設者アレクサンダー・ゴットリーブ・バウムガルテン (左) とエドモンド・バーク (右).

ということになってしまう．十人十色，人それぞれということでは「美学」というものは成立しない．しかし，美は多くの人が同じように認めるものである．皆も同じ美的感覚をもつということは，難しくいうと，美は社会の構成概念だということになる．実は美に限らず，多くのものごとは社会のメンバーが同じ判断をするということで，その妥当性が保証されている．これを可能にするのはその社会での共通感覚の存在である．この発想は，英国経験主義のコモンセンス（常識）という考え方からきている．カントの美学が独特なのは，この「社会」が，普通の人びとの集団ということではなく，「世界市民社会」という共同体を想定したことである．この共同体は実際にある社会ではなく理想化された観念としての社会であるが，カントが美を決めるものとして社会を考えたことは重要だ．この美学の社会的側面を強調したのが，30代で死んだフランスの哲学者ジャン・マリー・ギュイヨーの「社会的美学」といわれるものである．美は神経の振動であって，美的感覚とは感覚の共鳴だとい

う．そして共感によって他者に伝達でき，社会的美意識となる．なかなか理解することは難しいが，美が振動であり共鳴であることは，その後もさまざまな人がくりかえし主張する考え方である．

あまり流行らないようだが，唯物論的美学というものもある．つまりはマルクス主義に基づく美学である．美はなにかによって引き起こされるものなので，美（対象）と美意識がなければならない．この2つのものの相互作用を強調するのが唯物論的美学の特徴だと思われる．ロシアの社会主義者ゲオルギー・プレハーノフは，このような美を決める条件には生物学的条件（つまり生得的なもの）と社会的条件（階級や集団）があり，美には自然美と芸術美があるとしている．多くの唯物論美学では，人間の作品たる芸術美が本来の美ということになる．筆者も，美には生物学的な，あるいは進化の産物としての側面と，社会的につくられた側面とがあると考えているので，この点は納得できる．

1.2 実験美学—知覚として測定可能な美

これまで説明してきた美学は，哲学や思想としての美学である．美を経験科学としてとらえた最初の研究者は，ドイツ人のグスタフ・フェヒナーである（図 1.2）．心理学を勉強すると必ずフェヒナーのことを教わる．ライプツッヒには彼の家が残っており，ライプツッヒを訪れる日本の心理学者が必ず写真を撮る場所である．筆者も写真を撮ったが，フェヒナーが住んでいたというプレートがあるだけだ．もともと物理学者だった彼は心理物理学（少し古い言い方では精神物理学）という感覚測定法を開発した人物で，その方法は今日なお使われている．彼は閾値（どのくらい強い刺激だと感じることができるかという値）の測定をし，それに基づく感覚の強さと刺激の強さとの，心理物理関数と呼ばれる関係を明らかにした．

1 経験科学としての美学の成り立ち　5

図 1.2　フェヒナー（1801-1887）
心理物理学と実験美学の創設者グスタフ・フェヒナー．

のちにハーバード大学の心理学者 S. S. スティーヴンスは新たな心理物理関数をつくったが，スティーヴンスの方法はヒトが頭の中に数という観念をもっていることを前提とした方法なので，乳幼児や動物には適用しにくい．フェヒナーは心理学を経験科学へと変化させる重要な一歩を踏みだしたのであり，その後の心理学のかなりの部分は心理物理学の応用問題といっても過言ではない．つまり，心理学の歴史は測定が単純な知覚から，記憶，思考，認知へと発展していったとも考えられるのである．

　さてフェヒナーはこのように知覚測定の巨人なのだが，物理的次元がはっきりしない美についてもそれが知覚現象として測定可能であるとした．実際，フェヒナーは，ドレスデンの美術館でおこなわれたホルバインの絵の真贋論争に，実験美学の立場から参加している．それ以前の美学は思弁的であり，いわば超越論的な上からの美学であったのに対し，フェヒナーの実験美学は下からの美学といえる．心理物理学は重さや音の大きさといった刺激次元がはっきりし

たものを対象としたが，実験美学では刺激次元があいまいな美を測定しようとしたのである．

彼は美の測定について3つの方法を提唱している．1つは選択法で，たとえば，いくつかの絵画から最も良いと思われる絵画を選ぶ方法である．2つ目の使用法はこの方法に似ているが，どの絵を使いたいかを問うものである．3つ目の産出法は黄金率（美しいと感じる四角の縦横の比率）の検討に用いたもので，最も良いと思われる比率を描いてもらうものである．フェヒナーの美学というとその知覚的側面が強調されるが，なにを測っているのかというとつまり好みを測っているのである．その意味ではのちのバーラインの新実験美学とそれほど違うわけではない．フェヒナー美学はそれ以前の哲学的美学から考えると美学の心理学化ということもできよう．

もっとも，彼自身は精神界と物質界の関係を数式で表そうとしたのであり，相当にオカルト的である．そのうえ，『植物の精神生活』とか『天使の解剖学』といった本を書いているので一筋縄ではいかない．天使の姿というと羽の生えた女性を想像しがちだが，フェヒナーによれば球形なのだという．おわかりかな？（球こそが完全な形だからだそうだ）　さて，今日の心理学実験の方法はフェヒナーに負うところが大きいが，心理学はいわば実験方法の技術的部分だけ継承し，フェヒナーの高邁（？）な思想のほうは受けつがなかった．フェヒナーを実験心理学の創設者とする考え方もあるが，心理学史家のエドウィン・ボーリングは，「もしフェヒナーが心理学をつくったなら，それは意図的にしたわけではない」と記している．

1.3 新実験美学—行動に表れる快としての美

2番目の美学のブレークスルーはカナダのトロント大学にいたダニエル・バーラインの「新実験美学」の登場である（**図1.3**）．時は

1 経験科学としての美学の成り立ち　7

図1.3　バーライン (1924-1976)
新実験美学 (行動美学) の創設者ダニエル・バーライン.

1976年, 心理学では行動主義という運動の最盛期である. 心の研究といっても, 自分の心を自分で観察しているだけではどうも客観性に乏しい. そこで行動主義は, 体の外からわかる行動を研究対象にしようとした. バーラインは従来の美の測定方法である言語判断や心理物理学に加えて, 行動による測定をおこなった. これは動物研究者にとっては重要な意味をもつ. もし, 美が行動を通して測れるのなら, 動物でも美の研究ができるはずである. その意味でバーラインの新実験美学は文字どおり新しい研究領域への扉を開くものであった.

ある絵を長いこと観ていれば, 鑑賞者にとってそれは好ましい絵, 美しい絵ということになる. しかし, 鑑賞時間と主観的な評価は一致するものだろうか. 彼は絵画に関する言語報告の関係を分析し, 主観的な快と鑑賞時間に一定の関係があることを報告している. ただ, 鑑賞時間を決めるものには, なにが描いてあるかわからないので長く観ていたとか, 怖いもの見たさで観ていたといったこ

ともありうる．それらを美しいから観ていたということから区別することはできない．ある種の近似的な測定であることは否めない．

なぜ，美しい絵画を長く観るのだろうか？　それは美しい絵を観ることが楽しく，快感を引き起こすからだ．人間の行動の原理として快があるという考え方は古くからあり，「最大多数の最大幸福」という標語で有名な 18 世紀の英国功利主義ジェレミ・ベンサムは，人間を快楽と苦痛という 2 人の主人に仕える奴隷だと考えた．つまり，快と苦痛の 2 つが行動の原理なのである．しかし，彼はなぜ人間が快を感じるのかを説明していない．苦痛は理解しやすいが，なぜ快があるのかは説明が難しかった．ところでベンサムというとなにか謹厳な英国人のイメージがあるが，セックスが人間の最高の快であると考えていたらしく，眉をひそめた同時代人もいたようだ．そのうえ，自分の死体を人形のように保存するといった奇妙なこともしている．

快の起源を初めて生物学的に説明したのは，進化論の論客ハーバート・スペンサーである．彼は，進化という考え方を人間社会に適用した社会進化論を提唱した．「適者生存」というわかりやすい標語は彼の発明である．彼によれば，「適応的な行動は快である」という関係が，進化の過程で形成されたというのである．飢えているときに食事をとり，寒いときに暖をとるのは適応的である．しかし，食物を食べてからそれが消化吸収されるまでには時間がかかる．食べることだけで快が生ずるようになれば，その動物は快を求めさえすれば結果として適応的に行動するようになる．これは重要な考え方で，のちに進化心理学者スティーブン・ピンカーの「進化の副産物としての美」のところで再び取りあげる（第 2 章参照）．このスペンサーの考え方は快の最初の生物学的説明であるが，つまりは思弁的な説明であって，なにか実証的証拠に基づく主張ではな

い.

　快の経験的な説明は，20世紀を待たなくてはならない．近代動物心理学の創設者のひとりエドワード・ソーンダイクは，ネコを箱に閉じこめた気の毒な実験で有名になった．ネコは閉じこめられているのが嫌なので出ようとする．この箱にはいくつかの仕掛けがあって，それらを外せば外に出られる．ネコは出ようともがくうちに仕掛けを外すことを憶える．箱に入れられるたびにだんだん短い時間で外に出るようになった．ソーンダイクはこれを「効果の法則」と呼び，快を「動物がそれを避けようとせず，それを得たり，維持するためになにかをすること」とした．そして快という効果につながる行動が，「効果の法則」によって学習されるとしたのである．これは快の初めての行動的定義であった．その後，行動分析学の創設者B. F. スキナーは，これを発展させて強化の理論を形成した．ある行動の結果として起きる出来事がその行動の発生頻度を増やすなら，その出来事は強化ということになる．これは操作的定義といわれるもので，行動も出来事も内容による定義はなく，どんな出来事であってもその結果として行動が増えれば強化ということになる．まことに明快な世界なのだが，そこでは快という概念はなくなっている．つまり，スキナーの強化理論は快感ぬきの学習理論なのだ．

　バーラインのアイデアは美を強化としてとらえるというものである．心理学の動物実験では，動物を訓練するのに餌や水といったものが使われる．動物がなにかをしたら，餌あるいは水を与える．動物は次第に訓練者の望む行動をよくするようになる．このように水や餌を与えることを強化というが，実は餌や水といった生物学的に必要なものばかりでなく，単なる感覚刺激も強化になることがわかっており，これを感性強化という（**図 1.4**）．たとえば，ネズミを

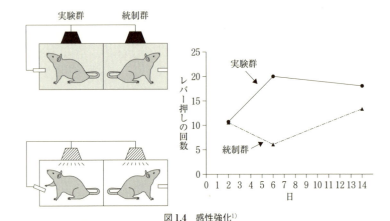

図 1.4 感性強化[1)]

バーラインの実験．実験群のラットがレバーを押すと，自分の箱と隣の箱のランプがつく．隣の箱にもレバーがあるが，ラットがこれを押してもランプはつかない．実験群のラットはレバーを押すようになるが，統制群のラットはほとんど押さない．

レバーのある実験箱に入れて，レバーを押すと実験箱のランプがつくようにしておくと，ネズミはレバーを押すようになる．これは，たまたま押すということではない．隣の箱に別のネズミを入れて，先のネズミがレバーを押すとこのネズミの箱のランプがつくようにしておく．この箱にもレバーがあるのだが，こちらはネズミが押してもランプはつかない．どちらのネズミの箱も同じようにランプが点灯するわけだが，レバー押しと点灯が関係ないほうのネズミはレバーを押さない．つまり，ネズミはレバーを押すと点灯する場合だけレバーを押すようになる．感性強化はランプの点灯ばかりでなくさまざまな感覚刺激で認められる．

　子ザルを母親から隔離して飼育する実験で有名なハリー・ハーロウは，サルで感性強化を調べた．サルが入る実験箱には2つの窓があり，一方の窓では30秒間おもちゃの電車が走るところを見られるというものである．果たしてサルはこの窓を開けて，電車を見る

① 経験科学としての美学の成り立ち　11

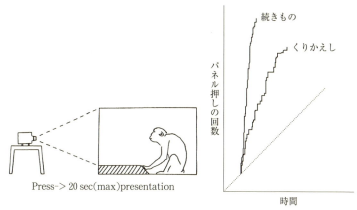

図 1.5　ディズニーの映画[2)]
サルにディズニー映画を見せる実験．サルがパネルを押すと一定時間映画が見られる．
サルはパネルを押すようになるが，同じ映像のくりかえしだとだんだん押さなくなる．

ことを学習した．これは電車を見る，ということが強化になっているわけだが，ハーロウはスキナーの強化理論には批判的で，彼自身はサルに好奇心があるからだといっている．もうちょっと美学に近い研究ではサルがパネルを押すとディズニーの映画が見られるという実験がある．おもしろいことに，同じフィルムをくりかえし見せる場合よりも，続きものを見せる場合のほうがパネルをよく押した（図 1.5）．

　これらは，感性強化を測るのに特別な反応（レバーを押す，窓を開けるなど）をさせるものであったが，より単純には，どのくらいある刺激を見ているかを計ればよい．美術館で観賞時間を計るようなものである．ドイツの生物学者バーナード・レンシュは単純な図形を用いてさまざまな動物に図形を見せ，多くの動物が規則性のある図形を好むことを報告している．これらの観賞時間の測定は，本当に見ているのかどうかといった細かい問題は残るものの，美の強

化効果測定には簡便な方法である．筆者の研究室では，ブンチョウをビデオと止まり木が設置された実験箱に入れ，ある止まり木に止まるとビデオカメラで自分の姿が見られるようにし，他方の止まり木ではビデオで高校野球の放送が見られるようにした（ちょうど高校野球のシーズンだった）．ブンチョウは高校野球ではなく，自分の映像が流れるビデオの前に長く止まっていた[3]．つまり，自分の映像は強化効果をもつのである．

1.4 その後の発展

このように経験科学としての美学はフェヒナーにはじまり，バーラインの新実験美学によって，動物の行動実験が可能になった．その後の美学の発展としては，以下のようなものがある．

a. 進化美学

進化美学はダーウィンにはじまる．ダーウィンは鳥や獣はもとより，虫もある種の美学をもっていると考えていた．美や芸術の起源を進化にもとめる考え方は，進化美学あるいはダーウィン美学と呼ばれ，適応の結果として美や芸術が生まれたとする．この考え方は最近の流行でもあり，進化心理学の発展にともなって多くの本が出版されている[4),5),6),7),8),9)]．これらの詳細は，第2章「美の進化的起源」のところで詳しく述べる．

b. 神経美学

最近の美学のブレークスルーは神経美学である．美の神経生理学的解釈は19世紀までさかのぼることができるが，本格的にこの分野での研究が開始されるのには，機能的脳画像研究の発展を待たなくてはならない．神経美学により，私たちは美しさの言語報告，行動，そして脳活動を比較することができるようになった．ロンドンの神経美学研究所を率いる視覚研究者セミール・ゼキがその第一人

者である．

c. 統計美学

　美術作品には贋作がつきものである．いかなる鑑定団でもだまされる場合があろう．なんとか客観的に真贋がわかるようにできないものかというのが，統計美学の出発点である．したがって，美そのものの評価でなく，スタイルの測定である．実は文学ではこのような試みがすでになされていた．文章は語のつながりだから，ある語の次には別の語が出てくるという確率を計算できる．この確率は作家の書きくせ，つまりスタイルを表現している．絵画の場合はちょっと複雑である．語のようなはっきりした単位がないうえ，文章が1次元であるのに対し絵画は2次元だ．しかし，これは問題が複雑にあるということであって，原理的にやれないことではない．

d. 分析美学

　さて，分析美学をその後の発展として入れるべきか少々迷った．そんなことは昔からおこなわれていたといえばそれまでともいえる．しかし，どうも流行りものでもあるようなので簡単に紹介しよう．分析美学は名称から想像されるように，「分析哲学」の美学版であるようだ．分析哲学はわれわれが使っている日常言語の分析を通じてさまざまな概念の明晰化をおこなう．分析美学の場合，まずは美の批評の言語分析をおこなうようである．分析哲学と同様，英語圏で発達したもので明確な定義はないが，認知科学，神経科学の成果なども取り入れようとしている．

美の進化的起源

　美をひとことで定義するのは難しい．かつて，神経科学者から美学者，画家までを集めた国際シンポジウムを開いたことがある．美学者は「美とは制度である」といい，神経科学者は「美とは前頭葉のある部位の活動だ」という．そして画家は，「美は言葉では説明できないが，作品をもってくればたちどころに美しいかそうでないか判断してみせよう」と嘯呵を切る．ことほどさように美はとらえがたい．ひとことでいえないならば，解決策の1つはいくつかの特性を集めて（クラスター）基準にすることだ．デニス・ダットンという哲学者は，美についての12のクラスターを考えた[1]．まず第1のクラスターは直接的な快感である．これはその結果なにか良いことがあるといったものでなく，いわゆる「美的快感」といわれるものである．美しい絵を観たときや音楽を聴いたときにすぐさま感じるあれである．第2は技術である．ダンスの妙技，複雑な建築物など，技術の粋を集めたものは私たちを惹きつけてやまない．第3は型（様式）である．様式があることによってある種の予測がで

きる．型があると変化が少ないような気もするが，能や舞を観るとやはり様式美は捨てがたい．第4は新規性，創造性である．なんといってもこれは観る側，聴く側の注意を引く．第5に批評．美術評論家，音楽評論家，といったジャンルの職業すらある．第6は表象性，なにかを表すことである．芸術作品はなにかを表現したもの，模倣したものである．第7はなにかに焦点があることで，「なにか特別な」なものである．第8のクラスターは個人の表現，第9は情感，第10は知的挑戦．第11は伝統と制度であり，第12は想像性である．哲学者ベリー・ガウトもクラスターを考えたが，こちらは10個である．まあ，苦労していることはわかるが，つまりはひとことではいえないということに尽きるのだろう．

神経科学者のヴィラヤヌル・ラマチャンドランは，インド生まれの売れっ子脳科学者（したがって彼はインド美術に囲まれて育ち，「西洋化」された科学者ということになる）で，文化を超えた美の普遍法則を9つ列挙している．(1)グループ化，(2)ピークシフト（通常より強調したものが好まれる），(3)コントラスト，(4)単離（ほかから離れていること），(5)知覚の問題解決，(6)偶然の一致を嫌う，(7)秩序，(8)対称，(9)メタファー，である．ダットンのものと重複するものもあるが，ダットンが専門家の高尚な芸術における美を考えているのに対し，ラマチャンドランはどちらかといえば日常生活における美を想定している．美とはなにかという問いに対して性質を列挙して答えるということは，現代における美がなにか論理的に導きだされるものではなく，経験から帰納的に導かれるものであることを示しているように思える．

2.1 普遍的な美はあるのか

美はもちろん個人の主観的判断である．私が美しいと思うものが

あなたには醜く見えるかもしれないし，あなたが美しいと思っても私はとても好きになれないかもしれない．しかし，個人を超えた美があることもたしかだろう．たくさんの人が同じ展覧会に足を運び，お金持ちはオークションで大枚をはたいて絵を競り落とす．多くの人が同じものを美しいと感じるからこそ，このようなことが起きる．美は文化に依存するかもしれない．しかし，異なる文化的背景の美が他の文化圏の人にも好まれるのも事実だ．印象派の画家たちは浮世絵に感銘を受けたし，ビートルズはインド音楽にしびれた．異文化にも受け入れられる美があるのだ．美は時代に依存するかもしれない．しかし，ピカソは古代人の洞窟絵画を絶賛し，「太陽の塔」をつくった岡本太郎は縄文土器に強く惹かれた．時代を超えた美がありうるのだ．第 1 章で述べたように美は一方で社会的につくられたものなので，デュシャンの便器など（彼は展覧会に既製品の便器を「泉」というタイトルで出典してたいへん有名になった）を昔の人にアートだといって見せても「？？？？？？」ということになろう（**図 2.1**）．

　もし，美がヒトに共通ならば，ほかにヒトならば共通にもっているもの（つまりヒトという種に固有なもの）にはどんなものがあるだろう．まず考えつくのが「言語」である．言語がいつはじまったかは定かでないが，どの民族でも音声言語をもっており，これはヒトの種固有（ヒトならは必ずもっている）の特徴である．もちろん，いきなり知らない外国語を聞いたらなにをいっているのかわからないが，その規則を調べると，どの言語は驚くほど似ている構造をもつことがわかる．言語学者のノーム・チョムスキーは，人種にかかわらずヒトが皆音声言語をもっており，なんらかの文法ももっていることから，ヒトが普遍文法というものを生得的にもっていると考えた．そして，実際に何語を話すようになるかは生まれてから

② 美の進化的起源　17

図 2.1　デュシャンの「泉」
マルセル・デュシャンがニューヨーク・アンデパンダン展に出展した「泉」というタイトルの作品．小便器にすぎないが，観る側が芸術だと認めれば芸術になるという例．

の経験によって決まると考えた．

　道徳はどうだろう．まったく道徳をもたない民族はない．他人を傷つけること，殺すことは「普遍的」にしてはいけないことである．近親相姦も原則的にいけないこととされる（これにはいくつかの例外がある）．このことから，ハーバード大学の心理学教授だったマーク・ハウザーは，普遍文法と同じようにヒトには「普遍道徳」があると考えた．ハウザーはのちに研究倫理の問題で職を追われることになるから皮肉なものである．ヘビへの嫌悪もかなり普遍的に見られるので，ヒトが生得的にもっている傾向かもしれない．おもしろいことに，言語でも道徳でも美でも，種に普遍的な機能の判断はきわめて素早い判断である．よく考えてみたら良くないことだった，ということはあろうが，判断は瞬時にしてできてしまう．筆者はヘビ嫌悪をあまりもっていないが，ヘビ嫌悪をもつ人は，たとえ縄であってもヘビに似たものがあれば瞬時に跳びあがってしまう．そして，それは生き残るために有用なことだったのである．

　美意識に個人差があることはいうまでもない．しかし，まずたい

ていのヒトは同じように美しいと思うものがあることも事実だ．もし，ヒトの美にヒトに共通のものがあるとしたら，普遍文法や普遍道徳と同じように「普遍美」を考えることができるだろう．そのような普遍美は，人類が進化の過程で獲得したものであるかもしれない．私たちの美的判断はとても迅速な判断であるが，風景の好き嫌いも素早い判断である．敵から隠れることができる，食べ物がありそうだ，そういった判断には迅速性がもとめられる．私たちの美的判断の起源は，私たちの素早い環境評価の延長線上にあるのかもしれない．ではどのような選択圧（淘汰圧）が私たちの美を育んだのだろうか．

2.2 風景の好みと環境の自然選択

　風景画は洋の東西を問わず絵画の1つのテーマである[2]．なぜ風景画は好まれるのだろうか？　好まれる風景画は，民族を超えて共通の特徴をもっているのだろうか？　まずはどのような風景が好まれるのか見てみよう．1993年にケニアからアイスランドまで，10カ国に及ぶ大調査がおこなわれた．そして民族にかかわらず最も好まれる風景画の特徴を突きとめた．それは木や水，人や動物のいるブルーの色調を含む絵画だったのである（**図 2.2**）．この人間の好む原風景は，ヒト発祥の地であるアフリカのサヴァンナの特徴に似ている．これが「サヴァンナ仮説」といわれるものである．つまりは緑と水のある風景だ．サヴァンナは豊穣な土地だ．単位面積あたりのタンパク質は豊富であり，多くの食物は地表近くにある．樹上に食物があるジャングルとは異なっているのだ．サヴァンナの特徴をあげよう．

（1）広い空間に丈の低い草と，所々に薮や群生した樹がある．

図2.2 風景
人間の風景の好みには傾向がある．多くの人は上を好み，下はあまり好まない．

(2) 近くに水がある．
(3) 少なくとも一方向は開けている．
(4) 鳥や動物がいる．
(5) 植物，したがって花や果実が多様である．

ダットンはこれらの特徴は多くの公園，たとえばニューヨークのセントラルパークなどに共通するし，ゴルフコースの設計にも類似点があると主張している．わからなくはないが，西欧の幼稚な庭と違い，枯山水などの洗練された庭園文化をもつ日本人としては多少

首をかしげる．が，枯山水とても，岩や砂利に山水を見るわけだから，同じことかもしれない．もちろん，このような比較文化的研究に批判がないわけではない．違う文化で育ったといっても他の文化から完全に隔離されているわけではない．ダットンは，カレンダーの普及が風景の好みに影響しているのではないかというおもしろい指摘をしている．現在ではインターネットを通じて世界中どこでも同じ風景を見ることができ，異文化比較からヒト固有という結論を導くのはさらに難しくなっている．ヒトの風景の好みについては多くの研究がなされているが，スライド写真を使った研究では，どうも手つかず自然そのものの風景より，ある程度人工的な手の入った写真のほうが好まれるようである．

さてサヴァンナ仮説の根拠となっているのは，ヒトがサヴァンナで生まれたという考えである．この考えはたいへんポピュラーなものだが，必ずしも確立した考え方ではない．人類の起源はアフリカ大地溝帯の東側の草原で生まれたアウストラロピテクスとされていたが，その後，大地溝帯から遠く離れた場所でチャド猿人が見つかり，これはどうも森林性の生活だったようだ．日本人研究者の諏訪元もその発掘に参加したラミダス猿人（これが現在では二足歩行をするヒトの先祖だと考えられている）は，足の形が枝をつかむのに適した形であり，同時に発掘された動物化石が鳥類を含む森林性の動物相であることから，サヴァンナではなくやはり森林性と考えられる．ヒト誕生のサヴァンナ仮説自体が少々怪しいのだ．

現代アートでは画面が一面同じ色だったりするものがあるが，普通はカンヴァスにはさまざまな異なるものが描かれている．絵の複雑さが美に重要な役割を果たすことは，かのカントも述べている．彼は，美は理解できると同時に，私たちに想像を起こさせる必要があると考えた．あまりに単純な絵は想像の余地がないわけだ．好ま

れる風景画が「中程度の複雑さ」をもつことを実証的に示した研究もある．中程度の複雑さとは，そこからなにか「新しい情報」が得られる可能性を意味する．さらにダットンは，人間の好む風景には「見通し」と「避難」という要素があることも示した．丘の上の建物，城などは遠くまでの展望を与えるし，木陰，崖などは遮蔽物としての効果をもつ．いち早く敵を発見し，自らの姿を隠すことは生き残りに必要な戦略だ．これらのことは風景画の好みを決めるもう1つの要素，対捕食者行動（つまりは食べられないようにする防衛行動，これには仲間同士の闘争も含まれる）としての風景の選択を示している．われわれも他の動物も食物をもとめると同時に，自分を守らなくてはならない．最強の捕食者ホモ・サピエンスといえども常に監視されていては捕食ができないし，実はいまでも，ヒトは案外他の動物に食べられている（ナイルワニは年に3000人のヒトを食べているというし，わが国でもクマに食べられるヒトがいる）．

これらの説明は美を感じることが適応的であるという主張だが，進化心理学者のスティーブン・ピンカーは美が過去の適応の副産物であるという「チーズケーキ」の仮説[3]を提唱している．なにかが適応的であることと，適応の副産物であることとは違う．食物が手に入りにくかったときには脂肪や糖に富んだ食物を積極的にとることは適応的だった．なにしろ，そのような食物は入手しにくかったのだから．しかし，いまやチーズケーキは好きなだけ食べることができる．チーズケーキの大量摂取はもちろん適応的ではない．欧米にいけば，そのような過去の進化の副産物のとりこになった人たちをいくらでも見つけることができる．ピンカーは美もまた同じようなものだという．

高脂肪で糖分の多いものへの嗜好がもはや適応的でないのと同じで，現在では美に適応的価値はないことになる．サヴァンナ仮説に

よる公園やゴルフコースの選好は特に不適応でもなかろうが，いまでは公園で身を隠したり，ゴルフコースで食物が見つかるという機能はない．チョコレートの好みの原因に高脂肪，糖への好みがあるのはたしかだが，それだけで現代のチョコレートの洗練された味や形，パッケージなどを説明することはできない．ココアはもともと塩を入れて飲む飲料で，今日のようなチョコレートになるには砂糖が安く大量に得られるまで待たなくてはならなかった．ヒトの行動の多くは，生物学的進化の結果であると同時に文化進化の結果でもある．美は進化的起源をもつが，その後の文化進化が，今日のように洗練された芸術作品を生みだしたのである．

　風景画で感じる美のすべてが，生物学的適応の産物とは思えない．私たちはサヴァンナに似た風景だけを美しいと感じるわけではない．険しい山もまた美しいと感じる．実際，山岳美学という言葉もあるくらいで，山岳画は洋の東西を問わず絵画の1つの題材だろう．私たちは，まず食べ物がなさそうな万年雪に覆われたアルプスの山の絵を美しいと感じる．この山岳美は観る人に第1章で述べた哲学的美学における崇高を感じさせるものであり，生物学的進化というより文化進化が生みだしたヒト独自の美的感性だと思われる．志賀重昂の『日本風景論』[4]はわが国の風景美を説いた傑作で，少し前の世代にはファンが多いと思う．多少古めかしい表現だが，松の木の説明は以下のごとくである．

> ひとり隆冬を経て凋衰せざるのみならず，矗々たる幹は天を衝き，上に数千鈞の重量ある枝葉を負担しながら，孤高烈風をしのぎて扶持自ら守り，節操雋邁，庸々たる他植物に超絶するがうえに，その態度を一看せば，幾何学的に加うるに美術的に調和するところ，たれか品望の高雅なるを嘆ぜざらんや．[4]

わからない漢字が多いと思うが，彼がいかに松の木に美を感じていたかということだけは十分に察せられる．この文に続いてスイス人に不羈独立の気風があることを述べ，松の木がその気風を育てたと主張する．これが本当かどうかはわからないが，こうなると生物進化での説明は及ばない．

2.3 性選択とメスの審美眼―ダーウィンの主張

　私たちは生物の形の中に多くの美を発見する．私たちが見る生物の美は3段階に分けて考えられる．最も低いレベルの美は珊瑚などに見られる美で，これらは加工されないそのままの姿で十分美しい．しかし，これは物理化学的過程の結果がたまたまわれわれに美しいと感じられるにすぎないのであって，いわば副産物としての美である．次のレベルの美は花や果物に見られる美であって，これは明らかに他者（たとえばランの花を受粉させる虫）を惹きつけるためのものである．これが進化の産物であることはいうまでもない．しかし，このレベルでの美はいわば生物そのものの美であって，私たちの芸術のように自分の体の外につくられるものではない．ゴクラクチョウの美しさもこのレベルである．こうなると，体の外につくられる美はヒトの芸術に特異的だと考えられるかもしれないが，これが必ずしも正しくないことはこの本で明らかになろう．

　野生動物は美しい．筆者はケープタウンでの国際会議の帰途，ヨハネスブルグで野生動物を真近に見る機会があった．その凛々しい美しさは動物園で無聊を託っている動物の姿とは較べものにならない．崇高といってもいい美しさである．実際，ヒトは動物の美しさに魅せられ，食べたり働かせたりする以外に観賞用の動物をつくってきた．しかし，私見では人工的につくった動物の美は極端に走るようで，キンギョのランチュウやブルドッグなどはどこが美しいの

図 2.3 人工的につくった美しい（?）動物
人間は動物の姿に美を感じるが，その結果として生みだした動物はむしろグロテスクでさえある．

か首をかしげる（**図 2.3**）．観賞用のハトも実に多くの品種があるのだが，やはりある種のオタク趣味で，悪くいえば奇形趣味である．遺伝子を改変した緑に光るウサギなどもヒトの自然に対する横暴としか思えない．比較的うまくいっているのは鳥の歌で，ローラーカナリアなどはさすがに見事というほかない．もっとも日本では，美声にはほど遠いウズラの鳴きあわせ（巾着ウズラというもので巾着から頭だけ出したウズラを鳴かすものである）を楽しんでいた時代もあるので，どうもディープな世界になると普通の人にはわからない快感があるものらしい．

　動物の美しさの典型例として取りあげられるクジャクの尾羽の美しさはダーウィンの悪夢だった．なぜなら，生存に有利だと思えない尾羽が進化してきた理由を，自然選択では説明できなかったからである．クジャクの尾羽ばかりでなく，動物たちを見渡せばどうもなんの役に立っているのか首をかしげたくなるものがある．ゴクラクチョウの羽も素晴らしいが，これもなんの機能をもっているのかわからない．シカの立派な角もオオカミを追い払うことができるかもしれないが，あんなものを持ち歩くのはたいへんだ．

さて，この難問に対するダーウィンの答えは性選択だった．性選択には同性間の選択と異性間の選択がある．前者はメスをめぐるオスの争いのようなもので，動物では腕っぷし，ないし腕っぷしの目印を見せつけることで片がつく．これは性選択とはいえ，自然選択で説明できる範囲のことである．問題は後者で，配偶者による選択である．ダーウィンによれば，メスがある種の「美学」をもっており，美しい尾羽をもったオスを好み配偶者として選択するので，そのような形質が進化していったというのである．彼は，メスの美学とオスの美しい形態の共進化を考えたのだった．こう考えれば個体の生存には役に立たないものであっても進化できる．しかし，メスの審美眼なるものを持ちだしたために性選択の理論は多くの批判をあび，非科学的理論として忘れられて，近年になって再び日の目を見るという数奇な運命をたどった．

それらの批判の第1は，メスの審美眼とはあまりに擬人的だというもっともな意見である．ロイド・モルガンという比較心理学者はこの点を鋭く指摘した．「メンドリがあるミミズを好むからといって，メンドリにミミズに美を感じる美意識を想定する必要はない」という議論である．こういった批判が出ることはダーウィン自身も想定の範囲内だった．ダーウィン進化論の重要な意味は，人間と動物の連続性である．動物とヒトの連続性を認めると，次に2つの分かれ道がある（図 2.4）．1つは，まあヒトのことはある程度わかるからヒトから動物のことを類推しようとする擬人主義の道で，動物心理学はまずこの道をたどった．ダーウィンの晩年の弟子であるジョージ・ロマネス（最も初期の動物心理学者）は，この立場の代表者である．もう1つの道は，ヒトはなんといっても複雑なので，単純な動物で研究をはじめて，その結果をヒトにあてはめていこうとする立場で，のちの動物心理学はこちらに進路変更した．ダーウィ

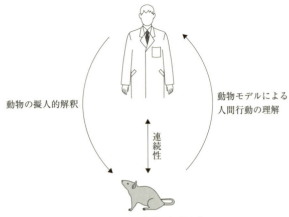

図 2.4 擬人主義と擬鼠主義

擬人主義では人間から他の動物のことを類推するが（左），擬鼠主義ではネズミのモデル研究から人間のことを類推する（右）．どちらも人間の動物の連続性から導きだされる考え方である．

ンは前者，すなわち擬人主義の立場で，彼にとっては人間が美学をもつなら動物もまた美学をもつと考えることは，連続性の原則から考えてそう不思議ではない．

批判の第2は，動物に細かな美的差異を見分けるような認知能力があるのか，というものであるが，美の弁別ができることはのちに詳しく説明する．ダーウィン自身は，性選択には「優れた感覚能力と強い情熱」が必要だとしている．現代心理学の用語でいえば「弁別と強化」が必要だということだ．

批判の第3は，メスの美学は世代を経ていっても一定に保たれるのか，という疑問で，この批判は，婦人の好みは不安定で当てにならないという，現在では叱られそうな当時ならではの考え方がもとになっている．

2.4 カモフラージュ説―ウォーレスの主張

　性選択批判の急先鋒は，意外なことにダーウィン＝ウォーレスの進化論として並び称されるアルフレッド・ウォーレスである．ダーウィンより14歳若く生真面目な唯物論者だったウォーレスは，クジャクの羽の進化を審美眼などを使わず，なんとか自然選択一本で説明しようとした．これだけだとウォーレスのほうが科学的でダーウィンは擬人主義だったとも思えるが，実は進化，特に人間の起源に関する2人の考え方の違いが影を落としている．ダーウィンはもちろん進化の結果としてヒトが誕生したと考えている．一方，ウォーレスには心霊研究家という意外な側面があり，進化の過程で「霊魂の流入」があって人間が誕生したと考えている．つまり，自然選択ではヒトの誕生は説明できないというのがウォーレスの考えなのである．人間が霊魂流入による特別な生き物であれば，ヒトに美の感覚があるから動物にもあるだろうという推論は成り立たない．ウォーレスは，ヒト以外の動物におけるヒトに似た美学を，自然選択のみで説明しようとした．たしかに鳥やチョウは美しい色彩をもつが，これは保護色，つまりカモフラージュで説明できると考えたのである．

　筆者は戦後生まれであるが，子どものころ通った東京の小学校の建物には雲のような模様が描かれていた．姉は別の小学校だったが，やはり校舎に雲模様が描かれていた．爆撃を避けるためのカモフラージュである．もちろんこれらは筆者が在学中に塗りなおされたが，いまの若い人にはちょっと想像できない風景かと思う．カモフラージュというと，どうしてもなにかから隠れるという印象がある．クジャクの尾羽というと派手で目立つと思われるが，それは広げた場合であって，閉じているときには案外地味だ．米国スミソ

図 2.5 「森の中のクジャク」
クジャクの尾羽はたいへん美しいが，森で見れば木漏れ日の中でのカモフラージュとも見える．

ニアン博物館には有名な「森の中のクジャク」という油彩画がある（**図 2.5**）．ちょっと見ると，森の中の木漏れ日を描いたように見える．しかし眼をこらせば，木漏れ日と見えたのが閉じたクジャクの尾羽であることがわかる．一部のご婦人方が好むヒョウやトラの毛皮を見れば，それらが美しく人目を惹くと同時にカモフラージュとしても役に立っていたことは容易にわかるだろう．もっとも，動物は殺されたからこそ毛皮になっているのだから，彼らのカモフラージュも，食べるためでなく毛皮を剝ぐためだけに動物を殺す人間という最も恐ろしい敵をあざむくことはできなかったということになる．ウォーレスはチョウの羽のパターンを調べ，一見目立つようなパターンも自然の光の下ではカモフラージュとして機能することを

主張した．美の起源がカモフラージュであれば，自然選択によって説明がつく．研究者はなるべく少ない原理でものごとを説明しようとするので，自然選択以外に性選択を導入することには反対者も多かった．ウォーレスは性選択を「適応なしの選択」とさえ呼んでいる．

カモフラージュ説には意外な援軍がいる．先に述べたように，カモフラージュというと軍事的なものが思い浮かぶ．特に，人間の視覚によって敵を発見していた時代には，カモフラージュは重要な軍事技術だった．アボット・テイヤーは第一次世界大戦のときに軍用カモフラージュをさまざまに発明した人物であるが，その経験から，動物の多様な模様は捕食者または獲物からのカモフラージュではないかという説[5]を提唱した．美しいものの代表の１つであるフラミンゴのピンクの羽も，日の出や日没ではカモフラージュになる．水鳥の模様も，水面の変化を考慮すれば意外なほどカモフラージュの機能をもつ．テイヤーは，動物学者たちが「美学の素養がない」ためにこの機能を見落としたと指摘している．なかなかに憎い指摘である．

実は多くの絵描きがこのような軍事利用に参加していた．抽象絵画のように白黒の直線を描かれた大砲は見つかりにくく，この手法はのちに「縞馬化」といわれるようになった．このような迷彩がほどこされた大砲を見たピカソは，これこそわれわれがやろうとした仕事だ，と感嘆したという．

ケンブリッジの動物学者ヒュー・コットは 1940 年に『動物の適応的彩色』[6] という本を著し，軍事的カモフラージュと動物たちの迷彩の類似性を広範囲に指摘した．軍事的カモフラージュがその後も発展を遂げていることは，米軍の迷彩服が欧州の森林用のものからアジアの密林用，そしてアフリカの砂漠用に変化していったこ

とでも知れよう．一方は人工産物であり，他方は進化の産物なのだが，見つかりにくくするという共通の需要があれば，形態として同じようなものが生まれる．しかし，私たちは軍事的カモフラージュを見てそこに美を感じるだろうか？　カモフラージュと現代アートに一定の関係があることはわかるし，カモフラージュ作成に動物の保護色が積極的に利用されたこともそのとおりだろう．とはいえ，美のすべてをカモフラージュによって説明するのにはいささか無理があるように思う．

ウォーレスもそこは考えた．彼が考えたのは「信号としての色」である．当たり前のことだが，動物は同種異性を配偶者とすることによって子孫を得る．色彩は種を示す信号なのだという．しかし，極彩色の鳥もいれば超地味な鳥もいるわけで，この説にも限界がある．ウォーレスが最後に考えたのが，進化にともなってそもそも生理的な変化があり，多様な色彩はその副産物だというものだ．しかし，その「生理的な変化」の内容については明らかにしていない．

さらに，ウォーレスにとっての最大の難問は誇示（ディスプレイ：メスに見せびらかすこと）だった（**図 2.6**）．求愛ディスプレイは多くの動物で見られる．なにしろメスに見せびらかすものだから，これを自然選択で説明するのは難しい．そこで彼は，ディスプレイが「活動性」の反映であるとした．オスはメスより元気で活動性が高く，活動性の高さは自然選択で説明できる．その当時，「ディスプレイ元気説」も結構支持されており，メスは「恥ずかしがり屋」だから，その気にさせるには活動的なディスプレイが必要だという超擬人主義的解釈まで出現した．科学ジャーナリストのヘレナ・クローニンが書いた『性選択と利他行動』[7]という本には，ダーウィン，ウォーレスの論争が詳しく説明されているが，婦人であるクローニンは「婦人の恥ずかしがり」とか「婦人の不安定な判

図 2.6 クジャクのディスプレイ
クジャクのオスは性的ディスプレイとして尾羽を広げる．あまりに美しいので人間もこれをディスプレイとして使う．

断」といった説明にはカチンとくるものもあったのだろう．「ビクトリア朝時代の気難しい女性蔑視論者」などという表現も出てきておかしい．

2.5 美はなにかの信号なのか

ウォーレスは進化における性選択の役割はごく小さいとしながらも，完全に否定したわけではない．彼は動物の美が健康や活動性，生存のための適応に厳密に相関する場合には性選択があるとしてい

る．これは現代の進化生物学の考え方を先どりするものだった．

　美しい尾羽はなにかの信号ではないだろうか．外部寄生虫がたかっていれば羽は汚くなるだろうし，免疫系が弱ければやはり冴えない羽になろう．もちろん，メスがこのようなことを分析的に評価しているわけではないが，見た目の美しさがその個体の健康状態と対応があれば，美しい尾羽を選ぶことは結果として健康優良児を選ぶことになる．適応は結局どのくらい子どもをつくれるかということだが，クジャクの目玉模様の数が多いほど，子どもの２年後生存率が高いという研究がある．実際，さまざまな「適応の指標」が見つかっている．キンカチョウのオスはくちばしが赤いほどメスに好まれるが，このくちばしの赤さと免疫力は相関がある．シチメンチョウの鼻の瘤の大きさは寄生虫の数と反比例する．マヒワの羽の黄色い縞の長さは，どのくらい速く松の実をこじ開けることができるかということの指標である．形態的特徴ばかりでなく，行動も適応の指標となる．エリマキトカゲのオスは，メスに選ばれるために素早く走らなくてはならない．そして走行速度と子の数にはやはり相関がある．美しい小鳥の歌も適応指標だ．ヨーロッパムシクイのオスはたくさんの歌を歌えるほど早くメスを獲得できる．もっと複雑な行動もある．ニワシドリの求愛のための巣がそうだ．これは巣といっても，そこに棲んだり卵をかえしたりするためのものではない．純粋にメスに見せるためだけのもので，メスはオスの建てた家を見て歩いて，その健康，運動技能，知的能力，さらには社会的地位までを判定する．

　しかし，この「正直な信号仮説」も実証的な批判にさらされている．中でもクジャクの目玉模様と配偶者獲得は賛否両方でデータが出ているが，包括的な研究では目玉模様の数と配偶者獲得に相関が見いだせないとされている．

さらによく調べると，なんの信号になっているのか見当がつかないばかりでなく，個体生存には明らかに不利なものも見つかる．進化生物学者アモツ・ザハディの解釈は「ハンディキャップの原理」だ．生きているのにやっかいな大きな角や長い尾羽をもって歩いて，それでも生き残っている個体は，そのハンディキャップを乗り越える能力，つまりは良い遺伝子をもっているのではないかというのだ．別の言い方をすれば，「僕は多くの良い遺伝子をもっているから，美にかまけることができるのさ」というアピールである．人間でも優等生がモテるとは限らず，ちょっと不良みたいのがモテたりする．そう突っぱっていたら生きにくかろうと思うが，そこが女子に受ける．

ハンディキャップの原理にも限界がある．イワツバメのメスは長くて左右対称的な尾羽のオスが好きだ．長い尾は飛翔のコストがかかるが，非対称的な尾羽もまた飛翔を困難にする．もし，メスがオスの支払っているコストにだけ注目するなら，長くて非対称的な尾のオスが最も選ばれなくてはならない．発達時期にストレスがあると非対称性を生むといわれているので，対称性は「ハンディキャップの原理」とは別の健常な発達の指標になっているのかもしれない．これはヒトの場合も同じで，左右対称で筋肉質の顔の男子はまず女子に好まれる．

ダーウィンは男子のヒゲが性選択の結果だという．ダーウィン自身もヒゲを生やしているし，その時代はヒゲ男子が多かったのだろうが，ヒゲがセックスアピールとして機能するかどうかは時代や文化によっても違うだろう．ヒゲがあると喧嘩の際につかまれて不利になるのでハンディキャップの原理がはたらくという珍説があるが，それならば頭髪は，髪をつかまれる心配のないハゲ頭よりハンディキャップの原理でモテることになるのだろうか？

ヒゲは男性ホルモンであるテストステロンの支配を受ける．その意味でホルモンの正直な信号だ．しかし，高濃度テストステロンは同時に免疫系の抑制もともなう．その意味では高濃度テストステロンの維持にはコストがかかっているので，ハンディキャップになっているのかもしれない．実は筆者もある時期から口ヒゲをたくわえているが，なにかの指標として機能したという実感はない．

　女子の顔も正直な信号だろうか？　こちらは女性ホルモンのエストロゲンの影響を受ける．エストロゲンのコストは癌などの発病を促進することである．男子の好む女子の顔はつまりは幼形顔であって，それゆえ「若く見える」ことが女子の基本戦略である．もちろん，細腰女子が好まれることもいうまでもない．「私は若くって，妊娠してないの」という信号がモテ信号になる．細腰はつまり体における脂肪の分布の形なのだが，これがエストロゲンの支配を受けるかどうかははっきりしない．また体型の好みについては文化差の議論も多い．

　心理学者のジェフリー・ミラーは，ヒトの芸術活動も性選択の結果だという[8]．芸術活動は知能や洞察などの正直信号だというわけだ．この考えを文字どおりに受けとると，音楽家は多くの女性にモテて，その結果，多くの子どもをもつはずである．よく例として出されるのは，ロック・スターのジミー・ヘンドリクスが非常に多くのファンの女性と性的関係をもったというものだ．しかし，子どもの数でいえば大したものではない．これをまじめに調べた例もあり，207人の欧州の男性音楽家を調べたところ，彼らは欧州男性の平均よりもむしろ少ない数の子どもをもっていたという．遺伝子の伝達という意味ではチンギス・ハーンのDNAを受けついでいる人は1600万とされており，他の追随を許さない．「権力は最強の媚薬」（政治家キッシンジャーの言葉）というべきか．

配偶者選択の道具としての美には，メッセージの送り手と受け手の虚々実々の駆け引きがある．ヒトの場合は化粧や衣装，その他遺伝とは関係なく見せびらかすことのできるものがたくさんある．動物にもこのような駆け引きがあって，トゲウオのオスは腹部に赤い婚姻色を示すが，これは状態の良い個体ばかりでなく，状態の悪い個体も普通の個体より明るい婚姻色を示す．つまり，状態の悪いオスは頑張って見栄をはっているというわけだ．ヒトの場合は身体的特徴の調整ばかりでなく，言語行動（つまり口説き文句）にも多くの偽情報が入っていることはいうまでもない．しかし，高価な着物や化粧，高額な自動車などはコストがかかるから，ハンディキャップの原理によれば正直信号といえなくもない．現在の日本人女性の見かけを良くするためのコストはたいへんなものだという．たしかに，一昔前に較べると日本女性の平均的な見かけの良さは抜群で，大学構内でも昔風の「オカチメンコ」（若い読者のために説明すると，醜女のこと）を発見するのは難しい．オカチメンコなどという差別表現自体ほとんど死語だろう．

2.6 「突っ走る」シュールリアリズム

さらに調べると，ハンディキャップとしては首をかしげるような，たまたまそれがメスの気に入ってしまっただけではないかと思われるようなものもある．性選択はたいへん強い仮説でなんでも説明できるように見えるが，実はメスは必ずしも最良のオスを選んでいるわけではない．配偶者選択は必ずしも合理的に最適の選択ではないのだ．これは理論的には結構やっかいな問題なのだが，なに，周囲を見渡せば，ヒトが「なにもそんなのを選ばなくても」という選択を男女ともにしょっちゅうしていることは明らかだろう．

キンカチョウの頭頂に人為的に白い羽をまっすぐ生やすと，俄然

図 2.7 頭に羽飾りをつけたなぜかメスにモテるキンカチョウ[9]

メスに好まれるようになる（**図 2.7**）．羽飾りのある帽子をかぶったシラノ・ド・ベルジュラクでもあるまいし，これはヒトが見るとずいぶん変な鳥に見えるし，近縁の種にもこのような羽飾りをもつものはいない．赤い足輪をつけてもモテるようになる．キンカチョウは飼育品種だが，野生のキンカチョウのメスもやはり赤い足輪を好む．これらは人工的な例だが，自然界にはなにかのシグナルになっていないのに，メスには好まれるものがある．その進化メカニズムはこうだ．最初に一定数のメスがその形質を気に入って配偶者として選ぶ．その子どももその性質を受けつぐ．次世代のオスはその形質をもち，メスはその形質を好む傾向が遺伝する．それがくりかえされるとその形質はより顕著なものとなり，メスがオスを選ぶ指標になってくる．これが「突っ走り仮説」[10]といわれるものである（**図 2.8**）．硬い言い方をすれば，「頻度依存性のある正のフィードバック」である．ただ，なぜ最初に好まれたかということはわからない．突っ走り仮説のはじめは自然選択からのバイアスではないかという説もある．たとえば，メスの視覚系が価値のある食べ物を発見

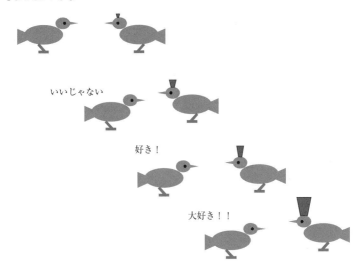

図 2.8 突っ走り仮説

最初はちょっとしたメスの好みの傾向だが,ある程度の数のメスが好めば,世代を経るにしたがってメスに好まれる形質が進化していく.

するように適応していったとしよう.その食べ物と同じような色彩のオスが好まれるようになるというのである.しかし,これがすべての指標を説明するわけではない.肝心なのは,最初はごく少数のメスに好まれればいいのであり,あとは突っ走る.現代アートも似たようなところがある.先にちょっと述べたように,シュールリアリストのマルセル・デュシャンは,1917年に自分が審査委員であるニューヨーク・アンデパンダン展へ作品として便器を出品しようとして有名になったが(しかもリチャード・マットという架空の人物の作品として),つまりは既製品であっても一定の観客が美として認めれば美となるのであって,そこに理屈はない(**図 2.1**).

突っ走り仮説も文字どおり突っ走りでどこまでもエスカレートす

るのかもしれない．たしかにある種の鳥の尾羽やオオツノジカの角を見ると，いくところまでいってしまったようにも思う．しかし，このようなコストは個体の生存にはマイナスになるから，ある時点から自然選択がブレーキをかけるのかもしれない．メスは限りなく高コストを求め，オスはなんとか生き残るぎりぎりのコストでメスを惹きつけようとする．現代アートもやはりいってしまっているのかもしれないが，素人から見ると現代アートはだれもやっていない新奇性をもとめてひたすら苦行を続けているように見える．

2.7 メスは合理的な判断をするのか

 芸術作品の場合なにが合理的な判断なのかわかりにくいが，性選択の合理的な判断は，本当に良いオス（またはメス）を選んでいるのかということになる．

 生物学者のフランク・セズリイは，もし配偶者選択が合理的な判断なら，次の基準をみたすはずだと考えた[11]．1つは再現性である．つまり，複数回の選択のチャンスがあれば，同じ配偶者を選択するということだ．昆虫，魚類，両生類，鳥類などで研究されているが，再現性は弱い．次は他のさらに冴えない選択肢を加えることによって，もともとの選択が影響されないということだが，これもソードテイル・フィッシュで変化することが知られている．かなりおもしろい現象だが，その機構は十分には解明されていない．最後は推移性で，A＞B，B＞CならばA＞Cであるはずというものだ．太郎は次郎より喧嘩が強く，次郎は三郎よりも喧嘩が強い．であれば，当然太郎は三郎より喧嘩が強いことになる．シクリッド・フィッシュの配偶者選択では推移性が認められている．

 しかし，これらの合理性は論理的な合理性であって，生物学的な合理性ではない．合理性という言葉は，学問によって使われ方が違

う．セズリイはそこがわかっていない．哲学や論理学では，合理性は判断の過程の論理が正しいかどうかを問題にする．「風が吹けば桶屋が儲かる」というのは奇妙な理屈に思えるが，論理学者は正しい推論だという．経済学での合理性は最適化である．過程はともかく，最適な結果を導くのが合理性である．それに対し，生物学にとっての合理性は適応である．最初の再現性の問題は生物学的には合理的とはいえない．むしろ配偶者を変えたほうがいい場合がある．せっかくハーレムをもっていても，いつも同じ相手と交尾していたのでは多くの子孫を残すという目的は達せられない．ハーレムでなくても多くの動物が配偶者外性交渉，つまり浮気をしている．推移性は，実験心理学的にかなりの実験がおこなわれている．ABの刺激を見せられてAを選べば餌がもらえ，BCだとB，CDだとC，DEだとDをそれぞれ選べば餌だとする．ではBDだとどうだろうか？　ヒトでもチンパンジーでもハトでも，この場合Bを選ぶ．実はこれは論理的には正しくない．これが正しいのはABCDEが1つの次元に並んでいる場合である．たとえば背の高さなどがそうである．しかし，2つの選択肢があって一方を選べば餌というのでは，論理的にこのような一次元に並んでいる状況ではないのである．

2.8 母子関係と美

　生物学的起源を考えるときには，進化とともに発達を考える必要がある．エレン・ディサンヤクは1980年代から進化美学を主張している研究者だ．基本的には美は本能だという考え方なのだが，彼女のユニークな点は，美における母子関係の役割を指摘したことである．ヒトの子どもは長い時間を親の保護のもとで過ごす．彼女は，母親の子どもに対する行動とヒトの芸術活動の関係に着目した．アートでは対象の単純化，様式化，誇張などによって，もとも

とのものを特別なものに変える．つまり対象を「芸術化」する．母親の子どもに対する行動を見ると，これと同じような単純化や誇張，様式化が見られる．たしかに子どもに対する読み聞かせなどを考えると，単純化，様式化，誇張などが見られる．子どもはこのような母親の行動によって「芸術化」を学ぶのだという．ただ，彼女の考える芸術は，基本的に音楽やダンスであることと，芸術をいわゆる専門の芸術家のものではなく，普通の人の美的行動と考えている．

おもしろい考え方だが，これで説明できる範囲は限られているように思う．しかし，美における初期経験や幼児経験は重要な問題だ．ニワトリやアヒルのヒヨコは孵化して一定時間（およそ1時間）に出会ったものに執着する．もちろん，普通は卵を温めていた親鳥に出会うので，ヒヨコたちは親について歩く．人工孵化で親鳥と違うものに出会ってしまうとそのものについて歩く．筆者の研究室では，アヒルやウズラでこのような行動の実験をしていたことがある．ウズラの子どもは当たり前だがウズラの卵から生まれる．孵化後に筆者に出会ってしまった指の先ほどのウズラは必死になって筆者の後をついて歩く．たいへんに可愛いが，うっかりすると踏んでしまう．このような，発達のある時期に好きなものが決まる現象（刻印づけとか刷り込みといわれる）は，親について歩くばかりでなく配偶者の好みにも影響する．ある時期に出会った異性が将来の異性の好みを決めてしまうのだ．このようなことが異性の好みだけでなく美の好みを決定することは十分考えられる．

2.9　性選択としての美の意味するもの

美のすべてを進化によって説明することはできない．しかし，私たちがもつ美の感覚のあるものは過去のより良い環境をもとめた

行動に原因を見いだすことができるし,別のあるものは性選択の信号に起源をもとめることができる.美の起源として性選択があるということの意味は,美の重要な機能としてそもそもメッセージ性があることに気づかせてくれることだ.現代アートの1つの特徴はメッセージ・アートだろうが,動物たちの美はずっと前からメッセージ・アートだったのである.美を美として感じることは,遺伝子伝達のためのメッセージを受けとることであり,むしろ,そのようなメッセージを伝えるものを私たちは美と名づけるようになったと考えられる.ただ,それらのメッセージの信号が必ずしも妥当でない(適切な信号でない)場合があることは突っ走り仮説で説明したとおりである.いわば,ある種のバイアスなのだが,私たちの美の感覚も偶然に突っ走った部分があるのだと思う.

美の神経科学

　神経美学が脚光をあびるようになったのはヒトの脳活動を画像として視覚化できるようになってからであるが，美を神経のはたらきとしてとらえる考え方は結構古い．そもそもフェヒナーが心理物理学をつくったときに，内的心理物理学と外的心理物理学があると考えたのである．内的心理物理学は生理過程（つまり脳活動）と心の関係，外的心理物理学は物質の世界と心の世界の関係を調べるものである．フェヒナーは内的心理物理学がその時代では無理だと考え，外的心理物理学としての閾値の測定や心理物理関数を考えた．美学においても当然，生理過程の変化によって美の感覚が起きると考えていたはずだ．

3.1　脳の中の快感

　美しい絵画を観れば楽しい，美しい音楽を聴けば気持ちがいい，おいしいワインも至福のときを与える．しかし，良いことばかりではない．覚せい剤や麻薬は私たちに強い快感を起こすし，ギャンブ

ルも抵抗できないほどの快感をもたらすらしい（個人的な体験はない）．私たちがこのような快感を得ているとき脳のどのような場所でどのような活動が起きているのだろうか．脳は全体としてはたらいているが，同時にさまざまな構造がさまざまな機能を分業している．どのような場所がどのような機能を果たしているかを調べる方法の1つが，脳を刺激する方法である．脳の中に小さな電極を刺して電流を流す．これで快感が起きれば，私たちが日常快感を覚えるときにその場所が活動していると推定できるわけだ．

　生理心理学者のジェームス・オールズがカナダのマッギル大学でラットの脳に電極を刺して，レバーを押せば微弱な電流が流れるようにしたところ，ラットはしきりにレバーを押すようになった（この現象はたまたま見つかったらしい）．脳内自己刺激といわれる実験のはじまりである（図3.1）．オールズの実験は画期的なものだったが，残念なことに54歳で他界してしまった．オールズの発見以降，広範囲な自己刺激実験がおこなわれ，中脳の腹側被蓋という場所から大脳の側座核という場所に至る経路を中心とした「脳内報酬

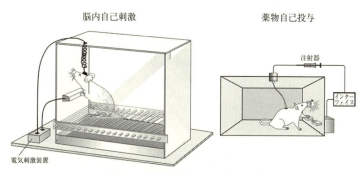

図3.1　脳内自己刺激と薬物自己投与
脳内自己刺激（左）ではレバーを押すと微弱な電流が脳のある場所に流れ，薬物自己投与（右）ではレバーを押すと微量の薬物が血管に流入するようになっている．

系」といわれる快感のシステムが明らかになった.

この実験とちょっと似ている薬物自己投与法という実験方法がある（図 3.1）. これは動物の静脈に細いチューブを入れておき，動物がレバーを押したらそのチューブから薬物が少量流れこむようにするものである. ヒロポンなどの覚せい剤や麻薬が流入するようにすると，動物はその薬物を得るためしきりにレバーを押すようになる. 1回の薬物投与のために押さなければならないレバーの回数を増やしても動物はレバーを押し続ける. これは薬物の乱用を動物実験で調べる画期的な方法で，さまざまな動物で多くの薬物を用いた研究がおこなわれ，おもしろいことがわかってきた. 動物が欲しがる薬物の一部は，化学構造がドーパミンという物質に似ていたのだ. ドーパミンは神経細胞同士の情報の伝達に使われる物質（伝達物質）で，ヒロポンやコカインなど快感を起こす物質は，神経細胞がドーパミンを放出するのを促進したり，いったん放出したドーパミンを回収するのを妨げたりする. ドーパミンを放出する細胞は中脳の腹側被蓋というところにあり，大脳の底部にある大脳基底核の側座核で放出する. そして，先ほどの自己刺激実験でわかった脳内報酬系はまさにこのドーパミン経路だったのである（図 3.2）.

さて，乱用薬物といえば，覚せい剤とともに麻薬（モルヒネ）がやり玉にあがる. これはケシの実からとれるものだが，強い鎮痛作用をもつ. どうしてこのような植物由来の物質が私たちの主観的な感覚である痛みに微量で効くかというと，私たちの脳の中にも麻薬に類似した物質（内因性モルヒネ）があり，その放出を受けとる物質（受容体）があるからだ. 脳内報酬系のドーパミン細胞は，内因性モルヒネの受容体をもつ細胞から抑制を受けている. モルヒネはこの細胞による抑制を解除してしまう. ドーパミン細胞はいわば「たがが外れた」状態になって，結果として強い快感を起こしてし

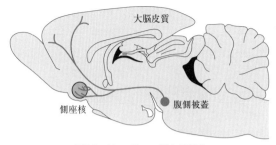

図3.2 ドーパミンの脳内報酬系
中脳の腹側被蓋にあるドーパミン細胞は，大脳基底核の側座核の細胞にドーパミンを放出する．一時期はすべての報酬はこの系の機能だと考えられていた．

まうのである．

そこで一時期は，ドーパミンこそが快感の物質だと考えられたのである．実際，脳内自己刺激でレバーを押しているラットの側座核ではドーパミンが放出されている．しかし，よく調べると実験開始後30分も経つとラットがしきりにレバーを押しているのにドーパミンの放出は減ってきてしまう．どうも，ドーパミンの放出は快感そのものには対応していないようだ．サルの中脳に電極を植えてドーパミン細胞の活動を調べた実験がある．サルは異なる量のジュースを報酬としてもらうのだが，報酬の前にどのくらいの報酬がもらえるかを示す信号が与えられる．信号が出されるとドーパミン細胞は活動した．しかも，その信号が示す報酬の量が多いほどドーパミン細胞の活動が多い．ところが，実際に報酬が与えられたときのドーパミン細胞の活動は，報酬の大小にかかわらず同じだったのである．どうやら脳内報酬系と考えられていたものは「脳内報酬期待系」とでもいうべきものだったらしい．

神経科学者のケント・ベリッジはネズミの研究から，報酬に関係する脳内機構にはドーパミン系とは別に内因性モルヒネと内因性カ

ンナビノイド（マリファナの有効成分で生体内にも存在する）の系があるとしている．

　側座核には内因性モルヒネと内因性カンナビノイドの受容体があり，その結果として「快感」を起こす．側座核はこれまで述べてきたようにドーパミンを受けとるが，こちらは「欲求」を起こすのだという．快感は対象となるもの自体が引き起こすもので，欲求は結果として起きる幸福感や期待感のようなものだ．もちろん2つの系は相互に関連しながら機能しているわけで，普通は「快感」を起こすものを「欲する」のだから同じもののように思える．しかし，これらは分離することができる．たとえば内因性モルヒネの系を薬物で阻害してしまうと，餌を食べても快感が得られない．しかし，餌を食べようとする．逆にドーパミンの系を阻害すると餌を食べようとしなくなるが，口に甘い水を入れてやるとうれしそうな顔をする（ネズミにも顔の表情がある）．ギャンブルなどの依存では，欲求は強くなるが，得られる快感は少なくなってしまうものらしい．

　コカイン依存（昔風にいえば中毒）の人は，注射器やコカインのアンプルといったコカインに関係する画像を見せると側座核や眼窩前頭野が活動するし，ギャンブル依存の人もギャンブルに関係した画像で同じような場所が活動する．これらの画像は報酬の信号に似たものだと考えられるのだ．もう少し穏やかな例では，恋人の写真を見るとやはり脳内報酬期待系が活動する．恋人は美的な刺激かもしれないが，まあ，有り体にいえばセックスに結びついた刺激だ．それでは絵画はどうだろう．

3.2　美を感じる脳

　ずっと昔の話を別にすれば，神経美学の創設者はセミール・ゼキということになる．なかなかの苦労人である．筆者がロンドンのメ

ディカル・リサーチ・カウンシル「行動の生理機構」研究所にいたころ（1970年代末）に彼の講演を聴く機会があった．もちろんまだ神経美学は彼のテーマではなく，ちょうど霊長類大脳に色情報を処理する特別な場所があることを主張しはじめたときで，実にプレゼンテーションが上手なので感心した記憶がある．ただ，なかなか学界が彼の主張を受け入れず，筆者が帰国してなにかの折に，日本の著名な神経科学者にゼキの色情報処理の話をしたときも，「ま，ゼキがひとりでいっていることだから」と否定的だった．もちろん，現在では彼の主張は神経科学の常識になっている．彼はもともとサルの視覚神経科学が専門なのだが，サルの電気生理からヒト機能的脳画像に研究を変えた．そして現在はロンドンで神経美学の研究室を主宰しており，日本からも川畑秀明，石津智大といった若手が彼の指導のもと，多くの成果をあげている．

　まず問題になるのは，美は快感なのかという点である．もし快感なら，ほかの快感でも活性化される脳内報酬系が美によって活性化されるはずである．また，もし美によって得られる快感が独自のものであるなら，美の快感によってのみ活性化される場所があると考えられる．この問題に答えを出す方法が機能的脳画像といわれるものである．つまり，脳のどの部位が活動しているかを画像で示すものだ．さまざまな方法があるが，よく使われるfMRI（機能的磁気共鳴画像法）は，血流中のヘモグロビンによる磁場の変化によって活動している場所をとらえる．ただ，研究者によって，ほぼ同じ場所に違う名称をつけることもあり，違う研究者のデータは注意して画像を見ないといけない．おおまかには，眼窩前頭皮質といわれるところが美の感覚に関係する場所である．眼窩は目玉のソケットにあたる場所で，そこに接しているのが眼窩前頭皮質だ．ゼキは，美しい絵画を見せたときに大脳の内側眼窩前頭皮質と前帯状回が活性

化することを突きとめた[1]．おもしろいことに，醜い絵画を見せた場合には運動野（前頭葉の後部にある）の活性化が見られている．不快な刺激にさらされると逃げる，戦う，などの運動の準備をするのかもしれない．

　彫像の2次元画像では，美醜の判断に扁桃体も与していることがわかった．扁桃体は感情，ことに不快に関係する場所である．わが国の誇る舞台芸術である能の面は，それ自体が笑ったり泣いたりするものではない．能面は面の角度によって喜怒哀楽を表現する．実際，うつむき加減で寂しさを表現している能面によっても扁桃体が活性化されたという．

　同じ絵画でも，具象画と抽象画では脳内の処理が違う可能性もある．抽象画での美の感覚には，ある程度の訓練や知識が必要かもしれない．絵画が好きである程度知識のある人でなければ，抽象画を見せられても「？？？」ということになりかねない．具象画，抽象画，具象画をスクランブルにしたもの，不鮮明にしたものを使った実験がある．ただし，美的評価をさせるのではなく，よく知っているものを絵の中で見つけるという課題である（図3.3）．具象画では側頭葉の底面にある紡錘状回という場所がより強く活性化された．この場所は顔の認知をつかさどる場所としてよく知られているが，車とか家といったよく知っているものの認知にも使われる．具象画と不鮮明絵画を直接比較すると，具象画は側頭葉と頭頂葉がつながる場所を活性化することがわかった．この場所は視覚対象の認知（側頭葉）とそれがどこにあるかという認知（頭頂葉）を結びつけるところである．不鮮明絵画では他の絵画に較べて海馬の活性が低かった．海馬は記憶に関係する場所である．つまり，不鮮明な絵画を見せられるとなにか記憶にあるものとの対応がつかないことになる．スクランブル絵画では楔前部（頭頂葉内側で後頭葉に接する部

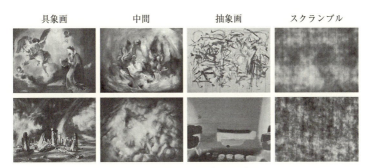

図 3.3 実験に使った絵画の例[2]
左から具象画,中間,抽象画,スクランブル.左の背外側前頭前野が具象画の美の評価によってより活性化され,この部位を頭皮上から電気刺激すると具象画の美的評価が増大する.→口絵 1 参照

位)と内側前頭回が活性化することがわかった.この場所はイメージネットワークとも呼ばれ,イメージを過去の記憶に結びつける場所である.

3.3 すべての美は同じものか

次の課題は視覚的な美だけでなく,「美」一般で活性化される場所があるかという問題である.美によって起きる快感は美術でも音楽でも同じだろうか.個人的には同じような気がしないでもない.石津とゼキはこの問題に取り組み,美しい絵画でも美しい音楽でも内側眼窩前頭皮質が活性化されることを発見した[3] (**図 3.4**).

美術,音楽とくれば,次は文学ということになる.「すべての道はローマに通じる」といった短い文章を見せたときのfMRIとその文章の美的評価との関係を調べた実験がある.どうも側座核が関係しているらしい.こうなると文学の美しさでもやはり脳内報酬系が関係しそうだ.しかし,文章の場合は言語理解,意味理解なども含まれてくるし,長い小説を読ませるわけにもいかず難しい.日本の

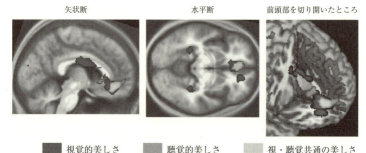

| 視覚的美しさ | 聴覚的美しさ | 視・聴覚共通の美しさ |

図 3.4 絵画と音楽に共通する美の部位[3]
視覚でも聴覚でも美しいと感じると共通して活性化される脳の場所（内側眼窩前頭皮質）がある．黄色い部分が共通して活性化される場所．→ 口絵 2 参照

俳句などは短いので，刺激としてはいいのではないかと思う．

さて，学者うちでは数学者というのはかなり変わった人種ということになっている．筆者たちの世代では岡潔という数学者が著名で，やはり世俗離れという感じであった．現在では数学の世俗化が起きているようにも感じるが，それでも，なにやら彼らは彼らなりの「数学的美しさ」というものをもっているらしい．そこでゼキたちは，15 人の数学者の協力を得て方程式の美しさを判定してもらった[4]．果たせるかな美しい数式は内側眼窩前頭皮質の活動を高めたのである．ちなみに最も美しいとされたのは次の式（オイラーの等式）

$$1 + e^{i\pi} = 0$$

であり，最も醜いとされたのは

$$\frac{1}{\pi} = \frac{2\sqrt{2}}{9801} \sum_{k=0}^{\infty} \frac{(4k!)(1103 + 26390k)}{(k!)^4 396^{4k}}$$

である（ラマヌジャンの無限級数）．まあ，単純なのが美しい，ということかもしれない．

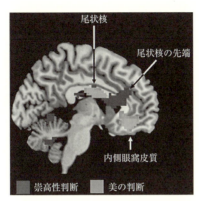

図 3.5 脳内における美と崇高性の分離[5]
美の判断では内側眼窩前頭皮質と尾状核体部の部分，崇高性の判断では尾状核頭部が活性化される．尾状核は大脳基底核の一部で記憶，学習に関係する部位である．→ 口絵 3 参照

第 1 章で説明したように哲学的美学では，美には美と崇高があるという．どちらの判断でも同じ脳の部位が活性化されるならこの 2 つは結局同じことになり，違う場所で処理されているなら 2 つの異なる性質ということになる．石津は風景画の崇高性を判断させた後に，崇高性と脳活動を調べた[5]．驚いたことに，美で活性化される場所とは違う場所が活性化されていたのである（図 3.5）．となると，哲学的美学で主張されていた美と崇高性の分離が，脳科学的に実証されたことになる．

さらに難しいのは「道徳的に美しい」という判断である．たとえば「彼は小さな少女をレイプした」というのは醜く，「彼は溺れている妹を助けた」は美しいと考えられる．このような短い文章を見せて道徳判断をさせ，その際の脳活動を測定したところ，やはり内側眼窩前頭野が活動していたのである．これ以外の研究でも，美的判断と道徳判断が脳内の機構としては同じものを使っているので

はないかという報告が結構ある．おわかりのように，少なくとも日本語では「道徳は正しい」のであって，美しいとはいわない．しかし，道徳的な行為は美しいといえなくもない．「美徳」という言葉もある．美と道徳の関係は哲学的美学では大問題なのであるが，両者の関係は神経科学としても興味深い．神経倫理学は神経美学とともに発展中の研究分野で，これからの成果が期待される．

3.4 どのような変化が起きるのか

これまでは脳の中の場所の問題であった．次に美に接したときの脳内でどのような変化が起きるのか調べてみよう．個々の神経細胞のレベルで考えれば結局は膜電位の変化になるが，システムレベルで考えると，いくつかの場所でのなんらかの共鳴や同期した活動が起きるという主張がなされている．おもしろいことに画家のワシリー・カンディンスキーも詩人のアンドレ・ブルトンも，美をある種の振動やけいれんと考えている．

私たちが美の判断をするとき，その前に脳の中では変化が起きている．このこと自体はそれほど不思議なことではなく，私たちが自発的になにかをしようとするときには，その意識が起きる前に脳内での変化がある．これはベンジャミン・リベットの一連の巧妙な実験で示されている[6]．脳の活動はさまざまな方法で測定できるのだが，その1つに磁気の変化を測定するものがある．神経細胞の膜電位の変化を磁気の変化として測ろうとするもので，もちろん，ものすごく小さな変化だから，何回もくりかえして変化を加算しなくてはならない．利点は時間による変化を精確に測れることである．絵画を見たとき150〜750ミリ秒の早い変化が眼窩前頭皮質で起こる．次いで1000〜1500ミリ秒で美的評価に対応する変化が起こるが，これは脳の中のいくつかの構造を同期させるような変化なのであ

る．美の判断はきわめて短時間におこなわれていることがわかる．

　この美によって活性化される脳内ネットワークは何者だろう．脳とコンピュータの大きな違いの1つは，脳は休むことなくはたらくのに対し，コンピュータはなにかを入力しなければ活動しないということである．私たちがいかに無念無想でいるつもりでも，脳は休まずに活動している．最近の脳画像研究は，特になんらかの行動をしていない状態での脳の活動ネットワークがあることを明らかにした．DMN(Default Mode Network) といわれるものである．このネットワークは，私たちがなにかに注意を向けて実行する直前に活動が高まり，実際に実行するときには反対に抑制されてしまう．このDMNこそが1000〜1500ミリ秒で同期して活動するネットワークだったのである[7]．さらにDMNは，自己となにかを関係づけるときに活動する脳内ネットワークであった．美は普遍的なものであると同時にきわめて個人的なものでもある．さまざまな絵画の美的評価をさせると，高い評価のときに活動することがわかった．美の感動がある種の共鳴やけいれんであることは美学者の側から指摘されてきたことである．美的感動が起きているときの脳は，まさに脳内で自己に関するDMNが共鳴している状態なのである．

　私たちが展覧会などで絵画を鑑賞するときには絵画そのものではなく，絵の題名や画家の名前なども見る．題名を見てなるほどと思ったり，画家の名前を見て，そうだったのか，と思ったりする．大英博物館に円山応挙の有名なふすま絵があるが，ちょっと見るとただの線分が描かれているように見える．が，「氷図屏風」という題を見た途端にキーンと張りつめた氷が浮かんでくる（**図 3.6**）．ことほどさように絵画の付加的情報は鑑賞に効果をもつ．付加情報は美の評価にどのような影響を与えるだろうか．次のような実験がある．古典，ルネッサンスの影像を用いて本物の画像と加工した画像

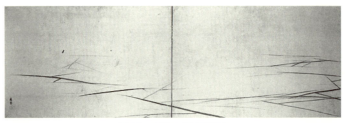

図 3.6 応挙の「氷図屛風」

をつくる．加工したものは頭と胴体などの比率を変えてあり，つまりは醜くしてある．もう 1 つ，本物か模造品かといったラベルをつくる．まず，ラベルを見せられてから画像を見せられ，5 段階の美的評価をする．脳波の 1 つである事象関連電位を調べると，ラベルの効果は画像提示から 200〜300 ミリ秒の成分に影響を与えることがわかった．絵画に「展覧会のもの」，「コンピュータのつくったもの」というラベルをつけると前者のほうが評価が高くなる．まあ，これはわかる．「展覧会のもの」と「コンピュータのつくったもの」で fMRI を比較すると，美的評価にかかわらず，内側眼窩前頭皮質に加えて海馬傍回，側頭葉極なども活性化されていた．つまり，絵画の付属情報は別の経路で処理されていることがわかる．

美の判断にはさまざまなものが関係する．美の判断によってある脳内変化が見つかったとしても，それが美以外のものではまったく活動しないとは言い切れない．これは脳の場所の問題でも同じなのだが，いくつかの場所でのいくつかの活動の組みあわせ，アンサンブルが脳によって起きる美の本体だろう．逆の言い方をすると，そのような脳の活動を私たちは美の体験と表現しているのだ．

3.5 脳損傷の不思議な効果—逆説的機能促進

脳に障害を受けることによって機能的にも障害が出ることは不思

議でない．こと芸術活動に関しては，脳損傷によって逆に芸術活動が促進されることが知られている．ピカソは学習障害があったし，ゴッホは鬱病，ドストエフスキーはてんかん，というように天才はしばしばなんらかの障害を抱えている．どうやら天才はその才能と引きかえになんらかの障害をもつことがあるらしい．脳障害の例でよく引用される例は，作曲家のラヴェルである．ボレロという小太鼓が同じ旋律をくりかえす不思議な音楽を聴かれた方も多いと思う．どうもラヴェルは前頭側頭型認知症だったらしい．この障害の1つの症状が保続現象だ．これは同じ動作をくりかえす症状で，ボレロの旋律のくりかえしはまさにこれにあたる．もちろん，ボレロの曲の場合は単なるくりかえしではなく，さまざまな変化があり素晴らしい曲になっているわけで，個人的には好きな曲である．

神経心理学者のブルース・ミラーたちは，2000年に左半球の前頭側頭型認知症で音楽や絵画の機能が促進された12例の患者を報告し（なお46例ではこのような促進は見られなかったので促進はむしろ少数例である），この奇妙な現象を逆説的機能促進と名づけた．逆説的機能促進の説明は，健常な状態では左半球の前頭側頭葉が右半球を抑制しており，左前頭側頭損傷によりこの抑制がとれるというものである．彼らの絵画の特徴は写真的リアリズムで細部にこだわった絵画である．けっして抽象画のようなものは描かない．一部の自閉症では優れた絵画能力を示すが，彼らの絵も写真的リアリズムである．一時もてはやされた山下清の絵を思い浮かべていただければよいかと思う．前頭側頭型認知症では，それ以前には絵など描かなかった人が絵を描きはじめ，またその才能を示すことが報告されている．日本での絵を描きはじめた報告例を見ると，明らかに絵画は年を経るにしたがって上手になっていく．

写真的リアリズムからモダンアートのように画風が変わる場合も

ある．画家が失語になった場合がそうだ．大学で絵画を学び高校の図画の教師だった中国系の米人は，進行性失語を患った．15年にわたる失語症の進行にともない，絵画に顕著な違いが生じてきた．発症前は伝統的な中国絵画を描いていたのが，失語にともなって強い表現をもったモダンアートのような絵画を描くようになった．また，別のMRI画像が撮られた画家の症例では，左半球の萎縮にともない右半球の増大が観察されている．この患者の絵画は，やがてあたかもボレロを視覚化したようなくりかえしのパターンが続く絵となっていったのである．

さらに，前頭側頭障害で芸術的才能を示す患者は比較的前頭葉が保存されており，また眼窩部が萎縮しているが帯状回は保存されているので，眼窩部からの連絡を絶たれることによって帯状回が活性化した結果とも考えられている．

3.6 これからの神経美学

神経美学が明らかにしてきたのは，美が快感を起こすということだ．しかも，ジャンルにかかわらず脳内の同じ場所が活性化されるらしい．しかし，内側眼窩前頭皮質とベリッジの「快感」系，「欲求」系の詳細な関係など，これからの課題も多い．美の評価には刺激が直接起こす快感以外に，絵の題名などの付加情報も大きな役割を果たす．いまのところ，まったく情報がないのは動物を使った美の快感の神経科学的研究である．動物がある種の美の快感をもつらしいことは，第4章で述べるように行動研究から少しずつ明らかになっている．やはり，人間の芸術活動やそれによって生み出される美は圧倒的である．動物で見られる美の萌芽の神経基盤とヒトの美の神経基盤の比較，それこそが美の進化基盤を解き明かす1つの扉なのである．

動物たちの芸術的活動

　私たちは動物の姿が美しいと思うばかりでなく，彼らが体の外につくったものにも美を見る．「動物の建築」という言葉は，ノーベル賞受賞者であるフォン・フリシュが名づけ親のようだ[1]．彼は，ハチが巣に戻ってきてからおこなう8の字型ダンスが餌の場所，距離，質を仲間に伝える高度なコミュニケーションであることを解き明かしたことで知られている．体の外になにかを構築する行動は，無脊椎動物から哺乳類までさまざまな動物で見られる．いまどきの子どもはそのような典雅な遊びをしないと思うが，筆者が子どものころは庭でミノムシを捕まえてきて蓑から出し，小さく切った千代紙を入れた箱に入れる遊びをした．ほかに材料がないので，ミノムシは仕方なく千代紙で蓑をつくる．なかなかに彩りの豊かな蓑ができあがるというわけだ．虫を使ったシュールリアリズムといえなくもない．

　鳥の巣やクモの網は美しい．これらの構築物とヒトの構築物の類似点には建築家も注目していた．巣と家はつまりは隠れ場所，シェ

ルターなので同じ機能をもっている．そして構造的には構築物は2つの力に耐えなければならない．1つは圧縮強度，つまり上からの力である．もう1つは引っぱり強度，つまり一方を固定して引っぱったときにかかる力である．動物のつくったものであろうと建築家が設計したものであろうと，構築物はこれらの力に耐えなくてはならない．これらの強度は素材が同じ場合には，建築家も動物も同じ力学上の制約を受ける．その結果，動物の巣と人間の建築物は奇妙な類似性を示す．

筆者の友人にドイツのコンスタンツ大学の教授だった心理学者がいる．この大学は新しい大学で変わった建物なのだが，なにしろ部屋の場所がわかりにくい．友人のオフィスにたどり着くまでかなり迷った．彼の説明では，この建物はわかりにくいので有名なのだという．その後で彼は「なにしろ設計者がガウディの弟子でね」といって笑った．ことほどさようにアントニ・ガウディの建物はなにがなんだかわからないということになっている．しかし，建物が倒壊したという話も聞かないのは構造がしっかりしているからである．ガウディは建築の構造を決めるのに「逆さ吊り実験」といわれる実験をおこなったことが知られている．紐にさまざまなおもりを下げて，その結果として起きる紐の曲線から建築の構造を決めていったのである（実際には建物は上下逆になるのだが，そのようにして重力を分岐させる）．長谷川堯（たかし）は動物の構築物と人間の建築に興味をもった建築評論家で，枝からぶら下がった懸垂型の鳥の巣（たとえばハタオリドリ）とガウディの建築の類似性を述べている[2]．ハタオリドリは集団で巣をつくる種があり，その共同住宅はそれこそガウディの教会のように見える（**図 4.1**）．もちろん，ハタオリドリは設計図をもっているわけではない．建築は設計図がなくてもできるのである．バーナード・ルドルフスキーの『建築家なしの建築』[3]

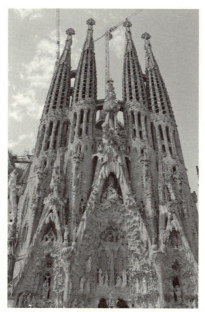

図 4.1　ガウディの設計した教会
くずれ落ちそうだが「逆さ吊り実験」で安定した構造になっている．

は設計図なしの建築に注目した写真集であるが，建築家の設計がなくても美しい建物ができることがよくわかる．

4.1　美しい鳥の巣

くりかえしになるが，鳥の巣は美しい（『鳥の巣の絵本』[4] 参照，**図 4.2**）．ハタオリドリの巣など立派な工芸品を見るようだ．鳥の巣の目的は，そもそも卵をかえすことと育児．外界の温度変化から自分の体温を守り，次世代を育てるためのものである．いちばん単純なのは地上の巣で，もちろんダチョウなど飛べない鳥は地上に巣をつくるが，チドリの仲間も小石を集めて巣をつくる．素材は土や

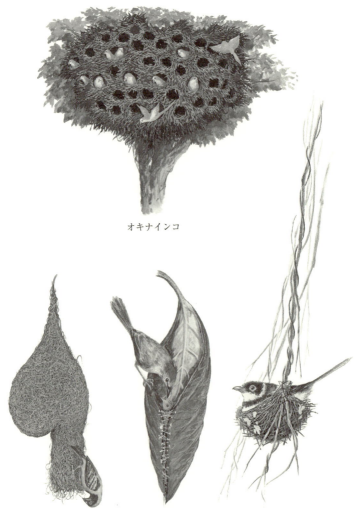

図 4.2 鳥の巣のいろいろ[4)]

木や葉，海藻，石，貝殻，自分の羽を使うものもいる．地上にくぼみをつけるか，なにか素材を盛りあげてからくぼみをつけるか，いずれにしても皿型である．なにぶん鳥の卵というのは転がる．テーブルにちょっと置いた鶏卵がころころ転がって悲惨な目にあった経験をお持ちの方も多いと思う．変わったところでは，ツカツクリは枯れ葉などを底にしいて卵を産み，上に砂を大量に盛りあげる．雨で枯れ葉が湿ると発酵して熱を出す．この熱で卵を孵化させるのでメスの仕事は卵を産むまでで，後はオスが砂を厚くしたり薄くしたりして，温度調節をする．中には直径6メートル，高さ3メートルほどの大きな塚をつくる種もいる．

地上の巣の難点は，天敵がすぐ近づけるということだ．そのため，地上性の巣をつくるものにはヒナが孵化してすぐに歩く鳥（離巣性）が多い．地上性の巣の変形はカイツブリなどの浮巣だ．つまり水上生活者の舟のようなものだが，そういった舟がそうであるように，水性植物に巣を絡ませたりして繋留してある．南米のツノオオバンは水底に石で土台をつくり，その上に水草で水上に出る巣をのせる．この土台の石は1500グラムくらいになるというから，たいへんな石組みだ．

裸のような未熟な状態で孵化し，ヒナに給餌が必要な鳥には樹上性の巣をつくるものが多い．なにぶん地上では捕食者に襲われやすい．木の上なら安全性が増す．一方でコストがかかるのも事実なので，捕食者の危険のないところでは，樹上に巣をつくっていた鳥が地上につくるように先祖がえりすることも知られている．

樹上の巣の素朴な形は皿形のものである．もう少し手がこんだものは鳥がすっぽり中に入るカップ型のものだが，形の上からは地上の巣とあまり変わらない．しかし，木の上では地上と違って空間的な自由度があるから，結構美しいデザインのものがある．ズキンコ

ウライウグイスは苔で巣をつくるが，巣から苔が垂れ下がり，ヒトから見れば装飾性がある．楽しそうなのはブランコ型のもので，マダラカササギビタキは枝から巣をつり下げてつくる．素材としてはさまざまなものが使われる．大きな鳥は主に枝を使うが，小さな鳥ではクモの糸を使うもの，泥を使うもの，さらには唾液などを使うものもいる（中華料理のツバメの巣のスープになる）．枝は多くの場合，組み木細工で釘も接着剤も使わないが，クモの糸を固定に使う鳥もいる．素晴らしいのはその名もサイホウチョウという鳥で，クモの糸で文字どおり葉を縫って袋状の巣をつくる．

　さらに洗練された巣は，屋根つきのものである．屋根ができると保温性は格段に良くなるし，雨も避けられる．場合によっては日光をさえぎる機能ももつ．このような巣をつくるのはほとんどスズメ目である．屋根つき巣の究極の姿は懸架式のもので，木の枝からつり下がった形で，下に出入り口がある．このタイプの巣の構築は，いくつかの種で独立に進化したものと考えられている．もちろん単なる屋根より保温性能があると思われるが，ヘビなどの対捕食者の機能にも優れている．これで有名なのはハタオリドリである．この巣の仲間でさらにおもしろいのは複合住宅で，シャカイハタオリドリではおよそ100室からなる複合住宅を構築する．複合住宅というアイデアは懸架式のものばかりでなく，オキナインコの巣やアメリカトキコウの皿形の巣（これはいってみれば平屋だが）などでも見られる．

　鳥の巣は造形的にも美しいが，それは機能美なのだろうか，それとも装飾性があるのだろうか．これはちょっと複雑な問題なのだが，ヒトが装飾性を感じるという意味ではかなりの装飾が見られる．鳥の巣に匹敵する他の動物の建築物は，アリやハチの巣だろう．ミツバチの巣の六角形の構造が優れた強度をもつ構造であるこ

とはよく知られている．アリ塚はその大きさといい複雑さといい，アリの体の大きさから考えれば超大型建築物である．クモの網もまた，動物がつくる美しい構築物の代表だろう．『昆虫記』で有名なファーブルはトックリバチの巣に魅了され，必ずしも機能ははっきりしないが手のかかる入り口の構造や，石英やカタツムリの殻を使うことなどから，トックリバチがある種の建築美学をもっているのではないかと考えていた．

巣づくりについてたいへん興味深いのは，巣づくり行動が求愛の誇示行動として使われることだ．動物行動学者クラウス・インメルマンは，鳥の求愛行動の多くが巣づくりからきていることを報告している．たとえば，枝をくわえて樹で上下にジャンプするような行動は，巣づくり行動の一部だと考えられる．巣の建築は釘を使うわけではない．わが国古来の木造建築のようにすべて木組みだ．かなりの技能の結果であり，美しい巣は優れたオスであることの信号になる．巣づくり技能の求愛への転用は，次に述べるニワシドリの求愛のためだけの巣づくりにつながるものである．

4.2 ニワシドリはなんのために巣をつくるか

求愛という意味で究極の巣づくりは，ニュージーランドとオーストラリアに棲むニワシドリのものである．この鳥は75グラムくらいから250グラムくらいまでの大きさで，主として果実を食べている．ニワシドリのオスは非常に複雑な巣（東屋）をつくり，さまざまな装飾をほどこす．東屋は四阿とも書き，柱と屋根だけの壁のない建物で，庭園などでちょっと休むためのものである．ニワシドリの東屋は構築物としても美しいが，多くの研究者の興味を引くのは，この巣がメスに見せびらかすためだけのもので，そこに棲んだり，抱卵するためのものではないことだ．20種のニワシドリのう

メイポール型東屋[4]

並木道型東屋[5]

図4.3 華麗なニワシドリの巣
大別するとメイポール型と並木道型になる．

ち17種がこのような巣をつくることが知られている．東屋には大きく分けると2つのタイプのものがあるが，どちらも地上につくる．1つはメイポール型といわれるもので中心に柱があり，それをさまざまに飾りつける．この柱のまわりにはある種の回廊があって，まわることができる．もう1つは並木道型といわれるもので，装飾された柱の間に小路がある構造で，いわば装飾をほどこされたトンネルである．装飾には花や葉，骨，羽などさまざまな材料が使われる．メイポール型と並木道型はそれぞれ独立に進化したもののようだ（**図 4.3**）．

どちらのタイプも求愛のためのものだが，その起源についてはいくつかの意見がある．1つは求愛ダンスのための踊り場から進化したというもので，踊り場は手を加えてそれらしくつくるので，巣自体が求愛の効果をもつ．実際，最も素朴なニワシドリの巣は地面に簡単に枯葉を集めたもので，あまり装飾性はない．別の考え方は不安除去効果のためだというもので，なにぶんオスは東屋で踊り狂っているので，メスは恐怖心を抱く．東屋はメスが安心して隠れて踊りを見る場所を提供するのだという．しかし，この説ではなぜ装飾が必要なのかがわからない．

東屋にはかなりのバリエーションがあるが，地域によってある程

度決まった傾向がある．さらに驚くことには塗装もある．これは果汁や唾液を混ぜて，くちばしにくわえた樹皮のブラシで並木の壁を塗るというものである．東屋づくりには遺伝的要因があるが，経験も大きくものをいう．年齢が増すにつれて東屋はより豪華になる．おそらく他の巣を見て学ぶ観察学習もおこなっていると思われる．実際，若いオスは主人がいないときにしばしば東屋を見にくることも知られている．これらのことから，東屋づくりは経験によって伝えられる文化行動としてとらえるべきだという意見もある．

　東屋の装飾がメスに対する求愛効果をもつことは，実験的に装飾を取り除くと交尾の機会が減ってしまうことから明らかだ．では東屋はなんの信号になっているのだろう．いくつかの説がある．1つは健康説で，美しい東屋は作り手が寄生虫などに集られていない健康なオスであることを示すという．まあ，これは進化生物学の定番の考え方である．2つ目は認知・運動技能を示すというものである．もちろん複雑な構築物は運動技能を反映するが，そればかりではなく，目の錯覚を利用して奥が広く見えるようにつくるという，かなりのハイテクなものもある．この錯覚利用のデザインがたまたまではなく意図的につくられていることは，実験者が配置を乱しておくとやはり元どおりに修復することからもわかる．さらにおもしろい説は，東屋が社会的地位を表すというものである．日本家屋の場合，門がないよりは門があるほうが格上であり，冠木門よりは棟門のほうが上で，切妻の屋根で柱が4本ある四脚門は大臣級だ．ニワシドリのオスは装飾品を奪いあう．したがって，装飾品の多さは社会的地位を表すことになる．赤いベリーはメスを惹きつけるが，同時により優位なオスの攻撃も誘う．過度の装飾は身のほど知らずというわけだ．つまりほどほどの装飾をすることが重要なのだ．ちょっと意地悪な実験だが，東屋にベリーを加えてより豪華にしてし

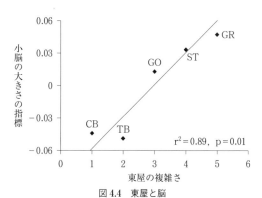

図 4.4　東屋と脳

東屋がどれだけ複雑かということと小脳の大きさには関係がある．複雑な東屋をつくる種ほど小脳が大きい．英文字は鳥の種類を示す．

まうと，その東屋の主人はなんとそのベリーを自ら取り除いてしまう．より優位なオスの攻撃を避けるためである．このような自己規制があれば，東屋はその主人の地位を示す正直な信号になる．

　もう1つの説は，東屋の複雑さと脳の大きさの関係である．東屋をつくるニワシドリの脳の大きさは，東屋をつくらない近縁の鳥より大きいという．東屋には複雑さの程度があり，4種類のニワシドリの脳を5つの脳部位で比較したところ，東屋の複雑さと小脳の大きさの間に相関があったという[6]（**図 4.4**）．しかし，これは種間比較であって，同じ種の中で東屋の複雑さが脳の大きさの指標になっているかどうかはわからない．

　東屋の究極の目的は配偶者の獲得である．美そのものではない．しかし，巣をつくることと配偶者を得るまでには長い時間が必要だ．実験心理学的に考えると，反応から強化までの時間が長すぎる．この長すぎる制作時間はつくること自体に強化効果があって，それで維持されているのかもしれない．そうなると芸術活動の要件の1つである機能的自律性が認められる可能性がある．

動物の建築を研究しているマイク・ハンセルは，ニワシドリの「芸術学校仮説」を唱えている[7]．これはダーウィンのメスの審美眼説にちょっと似ている．オスは美を追求し，メスは美を判定することを学ぶ．オスの東屋構築の技術が年を経るにつれてうまくなり，メスの美的判定の審美眼も年をとるにつれて洗練されていく．サテンアズマヤドリの好みの装飾はオウムの青い羽で，入手できないときは代わりにビンの栓を使ったりする．ハンセルはこれらのことから芸術学校仮説を主張しているのだが，信号仮説と区別するのはなかなか難しい．たとえ東屋が適応的な信号になっていなくてもメスが支持する信号ならば選択されていくことは，2.6節の「突っ走るシュールリアリズム」のところで説明したとおりだ．

4.3 鳥の歌は音楽か

動物の自然状態での活動で私たちが芸術性を感じるもう1つのものは，鳥の歌であろう．鳥の歌と音楽が似ていることは，多くの人が指摘したことである（図 4.5）．「動物音楽学」は，動物の音楽を美学の立場から分析する学問である．実際，音楽家のホリス・テイラーと認知科学者のドミニク・レステルは鳥の歌を西洋音楽の分析と同じようなやり方で分析し，多くの類似点を発見している．人間が鳥の歌から音楽をつくることも数多くなされてきた．クープランの「恋するサヨナキドリ」やヴィヴァルディの「ゴシキヒワ」など鳥の名前を題名にしたものもあるし，オリヴィエ・メシアンは鳥の歌の採譜（聞いた音を楽譜で書き表すこと）を熱心におこない，作曲に利用している．「世の終わりのための四重奏曲」では，クロウタドリの歌がヴァイオリンで奏でられる．そしてついに，ほぼ鳥の歌による「鳥たちの目覚め」を作曲するに至っている．技法に関する限り，音楽と鳥の歌はかなり接近したものといえよう．

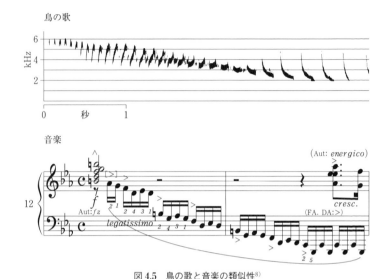

図 4.5 鳥の歌と音楽の類似性[8]

鳥の歌と音楽の類似性は多くの人が指摘している．歌のソノグラフ（上）はそのまま楽譜（下）を見るようだ．

　小鳥の歌は求愛のための行動だが生まれつきのものではなく，小鳥のオスは生まれてから学習しなくてはならない．多くの場合，父親から学ぶ．この学習は2つの過程からなり，1つは歌がどのようなものであるかを耳で憶える感覚学習の過程，2つ目は自分で歌えるようになる運動学習の過程で，最初の過程で憶えた歌を自分で歌えるようにする．もちろん，最初は断片的にしか歌えないが，その歌を憶えていた歌と一致するように修正していき，最後にちゃんとした歌（結晶化した歌）が歌えるようになる．実際，歌の複雑さやレパートリーの多さと，配偶者獲得の間には関係がある．ニワシドリの東屋と同じく，鳥の歌にも歌そのものの機能的自律性があるかもしれない．オスのキンカチョウは結晶化した歌が歌えるようにな

っても，1羽のときにさまざまな変奏を歌って試すという．そうなると鳥の歌にも機能的自律性があるかもしれない．

鳥の歌はそもそもヒトの音楽にあたるものなのだろうか．それともヒトの言語にあたるものなのだろうか．その美しさから見れば音楽だといいたくなるが，その機能は言語に近い．つまり，コミュニケーションの手段なのだ．実際，ヒトの言語の起源を調べるために小鳥の歌を調べている研究者もいる．生まれてからある期間に憶えなくてはならないこととか，脳の中で左右の片側に歌の中枢があることなど，言語に似た面も多い．しかし言語だとすれば，伝える内容はひどくお粗末だ．いかに複雑な鳥の歌も，求愛かなわばりの主張なのだから，ヒトの言語とは比較にならない．ヒトの言語はなんといっても，要素の組みあわせ方で違う意味を伝えられることが強みである．鳥の歌はそれがどんなに長い歌でも意味は1つと考えられてきた．ところが最近になって，クリボウシオーストラリアマルハシは要素の組みあわせで違う内容を伝えることが明らかにされ[9]，日本人研究者がシジュウカラで歌の要素の組みあわせや順序の違いで意味を変えていることを発見している．従来考えられていたよりヒトの言葉に近いのだ．器楽のほうは，動物ではきわめてまれだがヤシオウムは枝を使って木の穴を叩くし，キツツキの仲間にはドラミングの誇示行動をおこなうものもいる．また，類人猿が打楽器を使うという報告もある．

4.4 動物の芸術的行動とヒトの芸術の違い

ニワシドリの巣，小鳥の歌，これらは技能という面ではヒトが考える芸術の域に近いといってよいだろう．問題は機能的自律性，つまり芸術のための芸術という面があるかということになる．動物の芸術的行動の起源が求愛であることは明らかだろうが，どうも，い

わば副産物的に機能的自立性があるようにも思える．建築そのもの，歌そのものが強化となっているのではないか．このことは今後実証的に研究していかなくてはならないが，機能的自立性があれば，強化を得ようとする結果，より良い信号がつくられることになる．おそらく，自律性が最も進んだものがヒトの芸術活動ということだろう．ヒトにおいてはもはや，異性を惹きつけるためだけの芸術ではないのだ．

⑤ 動物に芸術を教えられるか

　絵を描く動物というのは昔から知られている．葛飾北斎が滝の絵の上で赤絵の具を足につけたニワトリを歩かせて紅葉にしたという逸話もある．ネコの描いた画集『ネコはなぜ絵を描くか―キャットアートの理論』[1] は楽しい本で，総勢11匹のネコ画伯の作品集である．中には美的鑑賞に耐えうる（と筆者が感じる）ものも散見される．もちろん，これらはネコのマーキング（自分のなわばりの印をつけること）としての引っかき行動の結果であって，ネコは絵を描こうとしているわけではない（当然絵の具は使っているが）．ネコ画伯の絵は，ネコの意図せざる行動の結果をヒトが美しいと感じるということを示している（図5.1）．この本によれば，1893年に小樽のよろずやの主人が，飼い猫のオタキが描いた絵を売り出して大評判になったという．この本の著者らの解釈ではいわゆる「招き猫」はここから発しており，引っかきマーキングをする姿勢だという．なるほど．

　ネコが描くならイヌも描く．『絵を描く犬』[2] は，ポーランドの絵

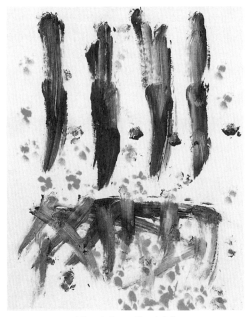

図 5.1　ネコの描いた絵[1)]

つまりはマーキングの引っかき跡なのだが，なかなかに芸術的である．→ 口絵 4 参照

を描くイヌであるホセ・セプテムスの話で，日本のテレビ出演の企画もあったらしいがどうも出典がよくわからない．描かれたものは線画で，ホセ・セプテムスのサインも入っている．写真を見ると，筆は握れないので前足にくくりつけている．服を着て椅子に座っているなかなか威厳のある写真もあるのだが，筆者の印象では昔流行った「なめネコ」（若い読者のために注釈を加えると，学ランを着て暴走族の格好をしたネコの写真で「なめんなよ！ネコ」というわけだ）に近い．この本によれば条件反射を利用したものだというが，詳細はわからない．いずれにせよ自発的に描いているのではないようだ．

5.1 チンパンジーに絵を描かせる

　チンパンジーの描画は最も古くから研究されている例である．いちばん古いのはドイツのターザン2世というチンパンジーのもので，1928年に報告がある．これはケロッグ夫妻がチンパンジー（9カ月）の絵画と夫妻の10カ月の子どもとの比較研究をしたものである[3]．チンパンジーは紙と鉛筆を与えられても描くことはなかったが，描いてみせると自発的に殴り書きをするようになったという．人間の子どもはやがて模倣的な描き方になるが，チンパンジーは殴り書きのままだった．次に古い報告はナジェージダ=ラディジナ・コーツものので[4]，おもしろいことに，これも類人猿の幼体の絵画とヒト幼児の絵画を比較している．彼女は，自分の子どもと較べてチンパンジーの絵画が単調で意味のない線画にとどまることを報告している．ただ，まったく変化がないわけでなく，3年間の観察でチンパンジーの描画にもある程度の「進歩」が認められ，これは視覚フィードバックの利用ではないかとしている．

　その後の研究によって，チンパンジーは単なる殴り書きだけではなく，一定の様式や規則性をもった絵を描けるようになることがわかった．デズモンド・モリスが報告しているチンパンジーのコンゴの例では，384枚の絵のうち90枚以上で扇形に広がる線画が現れるとしている[5]（**図 5.2**）．つまりお得意の様式があるわけだ．それ以外にも対称性，リズミカルな運動，特定の配色などが見られるという．空白のページからはみだすようなことはなく，中心図形に印をつける傾向も見られた．これらの描画特性はその後のチンパンジー研究でも報告されている．斉藤らはチンパンジーと幼児の絵を比較し，チンパンジーはモデルの模写ができず，また，たとえば目が描かれていないといった不完全な顔の絵に目を加筆して完成させるこ

図 5.2　チンパンジーの絵[5]
デタラメではなく，ある種の様式が見られる．

ともないとしている[6]．ただ，すでに描かれている図形に印をつけたりすることはできるようだ．他の霊長類では，ソフィーというゴリラがやはりある程度の様式をもつ絵を餌強化なしで描いたし，オマキザルも扇形の絵を描いている．どうも扇形というのがサル類の好みのパターンらしいが，なにかを手もとに引き寄せる，という行動から派生しているのかもしれない．この点はネコ画伯とちょっと似ている．

⑤ 動物に芸術を教えられるか

　なぜチンパンジーは描画をするのだろうか？　チンパンジー描画研究のすべてで，チンパンジーが「自発的」に描くと述べられている．チンパンジーは，ペンや筆といった描く道具を与えられれば，餌などの強化なしに自発的に描画をする．紙がないときには木の葉に描いたというエピソードも報告されている．ただ，これらの実験もその後に続く実験も，ほとんどが動物と実験者との対面場面でおこなわれているので「社会性強化」（実験者が褒めたり，励ましたりすること）の可能性を排除できない．つまり，チンパンジーが絵らしきものと描くと，実験者自身が意図しなくても報酬となる体の動きをしたり，声を出しているかもしれないのである．

　もちろん，「描く」ことそれ自体が強化効果をもつ可能性と，「描く」ことの結果，つまりできていく作品を見ることが強化効果をもつ可能性も考えられる．タッチスクリーンを使った実験では，スクリーンに触ってもトレースが画面に現れないようにすると描画が減るので，描画の結果の視覚フィードバックによる感性強化は一定の強化効果をもっているのだろう．おもしろいことに，モリスは餌を描画の褒美として与えると，描画はむしろ減少すると報告している．おそらく描画はそれ自体で強化効果のある行動であり，餌強化があることで描画自体の強化効果を隠してしまうのだろう．チンパンジー以外にゾウなどの多くの動物の描画行動が，餌など特定の強化なしに維持されることを報告しており，描画がそれ自体で強化になる機能的自律性をもっていると考えてもよさそうだ．つまり，動物はなにかのために描くのではなく，描くために描くのかもしれない．これはヒトの芸術活動と同じことではないか．

　ではチンパンジーは絵の完成を目指して描いているのだろうか？　イメージの完成こそが彼らの行動を強化するものなのだろうか？　モリスはコンゴという名のチンパンジーが頭の中に「完成図」をも

っており，完成すると鉛筆や紙を返し，その後も描画を続けさせるのが困難だったとしている．逆に，描画の途中で紙を取りあげるとチンパンジーは怒ったという．さらに，クンダというチンパンジーは人間の画家との共作もおこない，チンパンジーが「美的ゴール」をもつという印象を研究者に与えている．これらの行動が単にある時点で描画を止めたのではなく，チンパンジーの内なる美的完成に到達したから止めたのだと主張することは難しい．ただし，ヒトの芸術活動との大きな違いは，完成した作品そのものに執着するわけではなく，多くの場合引き裂いてしまうことである．この点はヒトの場合と異なる．日曜画家は商品価値のない自分の作品を大切にとっておくし，他人に見せようとする．典型的な自己強化による行動の維持だ．

　チンパンジーの絵画はある対象を描いた具象画ではないので，かえって人間の抽象絵画と見分けがつきにくい．動物の作品は抽象絵画と間違えられる．いや，抽象絵画が動物描画と混同されるというべきか．2005年のオークションでは，チンパンジーの絵画に12000ポンドの値がついたという．www.amimal-art.ru ではさまざまな動物の「画伯」が登場する．もちろん，これらの多くは学問的なものではなく，いわばお遊びである．しかし，ヒトはモンドリアンの絵画（ごくごく単純にいうと矩形の組みあわせの絵画）とコンピュータに描かせた絵画との区別がつく．被験者に，専門的な画家の絵，子どもの絵，動物が描いた絵を見せて，好みを問うた実験がある．「画家」，「動物」，「子ども」というラベルがデタラメにつけられていたにもかかわらず，被験者は画家が描いた絵を最も好んだという．となると，ヒトに好まれる絵の性質というものがあるのかもしれない．

5.2 ゾウに絵を描かせる

　霊長類以外では，ゾウの描画がよく知られている．シリという名のアジアゾウは，訓練者がなにも教えなかったにもかかわらず，餌強化なしで描画をおこなった[7]．ゾウは枝や石を鼻でつかんできわめて細かい運動をすることができ，自発的に床に描画をすることがあるらしい．ただ，これらの描画は飼育下の特殊な行動だという解釈もある．ゾウの絵画については具象画（？）が有名である．ゾウは使役動物でもある（あった？）のだが，現在では重機に押されていわば失職している．餌代もばかにならないので，さまざまな転職支援がおこなわれ，その1つが絵画作成なのである．実は筆者もインターネット・オークションに参加し，値段は明かさないが1枚の見事な花の絵を競り落とした．ちょっと見ただけでは動物がこれを描いたとは思えない出来映えである（図 5.3）．ずいぶん自慢して，人に見せたりしていたのだが，あるとき YouTube でゾウが絵を描く動画を発見した．なんとゾウは，筆者の所蔵するのと同じ花の絵を次々とつくっていたのだ．つまり，実際の花を見て花の絵を描いていたのではなく，花模様の絵の大量生産をしていたのだ．訓練者の介在はもちろん想像していたのだが，実際にゾウが描く場面を観察したモリスはその様子を次のように述べている．

> 見物人が見すごしているのは，ゾウが絵を描いているときのゾウ使いの行動．見落としてしまうのも無理はない．線や点を描いている絵筆から目を離すのは，かなりむずかしい．ところが，目を離したら気づくだろう．ゾウが印をつけるときには，そのたびにゾウ使いがゾウの耳を引っ張っている．縦の線を描かせるときには，耳をちょいとつまんで上下させ，横の線なら横に引く．（中略）まことに残念な話だが，ゾウが描いている絵は，ゾウ使いの絵である．[8]

図 5.3 ゾウの絵
著者が落札したもの．実は大量生産品だった．→ 口絵 5 参照

　しかもゾウたちは分業をしていて，あるゾウはもっぱら花の絵，別のゾウは木の絵を描く．工芸品といえば工芸品でゾウの繊細な運動調整能力を示すことになるが，絵画を描くというのとはちょっと違うかもしれない．理屈をいえば，大量生産の工芸品や複製品も芸術といえば芸術で，工業デザインだってアートだろう．ゾウが工芸品をつくるといえばそれまでだ．ただし，このゾウの描画も直接餌などで強化されているわけでなく長い時間描き続けるし，またゾウはどのゾウでもが絵を描くわけではなく，絵描きゾウはごく一部だ

という.

　具象画というものは，3次元の対象を2次元のキャンバスに投射する作業である．動物は3次元の実物と2次元の写真との関係を理解することができる．これは霊長類に限られた能力ではなく，筆者の研究室ではハトにこの能力があることをたしかめている．写真ではなく絵でも，ハトは動物や鳥の弁別ができるが，これを輪郭線にしてしまうと弁別できなくなる．3次元を2次元に移しかえて描画をすることはかなり難度が高そうだ．

5.3　音楽をつくるか

　鳥の歌は音楽的にも素晴らしいし，ダンスもまた華麗だ．しかし，ここでは動物たちがもともともつ音楽ではなく，彼らがヒトの音楽に類似したものをつくりだすか，という話である．もちろん，オウムやインコ，キュウカンチョウなどの物まね鳥は歌を憶えることができる．YouTubeを見れば古典的な「はとぽっぽ」からモーツァルトの「魔笛」に至るさまざまなジャンルの歌を歌う鳥が紹介されている．チンパンジーやゾウの描画程度には，鳥は人間の歌を歌うことができるのである．動物には器楽はほとんどない．ただ，東京大学のお雇い教授だったエドワード・モースのスケッチを見ると，日本の伝統動物芸であったヤマガラの芸の中には太鼓を叩いたり，鐘を鳴らしたりするものがあったらしい．筆者が子どものころにはまだ銀座通りでヤマガラがお宮参りをして鈴を鳴らし，おみくじを引いてくれるという芸を見せていたが，残念ながら楽器の演奏は見たことがない．

　最近話題になったのはダンスをするオウムで，名前をスノーボールという[9]（図 5.4）．ダンスといってもヒトのつくった音楽にあわせて踊るもので，オウムの動作（主に頭の上下運動）と音楽の同期

図 5.4 スノーボール[9)]
YouTube で大ブレークした踊るオウム，スノーボール．

が細かく調べられている．その結果，音楽のテンポが変わるとオウムも自発的に動きのテンポを変えていることがわかった．このような音と動作の同期は，鳥以外ではイルカやゾウで知られている．イルカがさまざまな模倣をすることはよく知られている．ゾウもまた複雑な音声を模倣することが知られている．近くを通るトラックの音の模倣で，これはまったく自発的に模倣するようになり，特に報酬などは与えられない．どうも音楽にあわせたダンスは音声模倣の副産物であるらしい．一方ボノボやチンパンジーは，このような音との同期化した動きは示さない．おそらく訓練をすれば音の同期程度はできそうに思うが，単純な動作の繰り返しによるリズムとスノーボールのダンスはちょっとレベルが違うし，そもそもスノーボールには訓練の必要がない．

5.4 動物芸術の限界

芸術活動に必要なのは十分な運動技能，その結果の評価，そして

芸術活動それ自体を目的とする機能的自律性である．運動技能という意味では，ヒト以外の動物もかなりの絵描き上手だったりする．さらに，ある種の動物は絵を描くこと自体を楽しむようだ．機能的自律性，あるいは心理学的には自分の行動が自分の強化になる自己強化というものである．しかし，人間の芸術活動との決定的な違いは，作品の価値である．動物は芸術活動の結果としての作品を楽しむことはない．また，他の個体にとっても作品に報酬的な効果はない．ヒトの芸術活動は，たとえ孤高の芸術家であっても社会的活動である．ゴッホのように生きているときに作品の価値が認められなくても，のちに認められるからこそ芸術になる．そのような意味での芸術活動を動物に教えることには成功していない（**図 5.5**）．

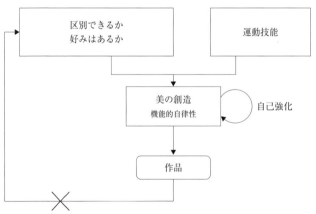

図 5.5　動物芸術の限界
動物は十分な運動技能と感覚能力をもち，芸術作品の好みもある．さらに制作そのものが強化効果をもつと考えられる．しかし，人間の芸術と違って作品の社会的な承認は考えられない．

動物はヒトの芸術を
見分けられるか

　いうまでもないが，人間の芸術活動の作品は，ヒトによるヒトのための作品である．動物に見せるための絵を描く画家などいない．ヒト以外の動物がこれらヒト用の美をどう見分け，聞き分けるのか，というのが本章のテーマである．私たちは具象画とそれが表しているものの関係がわかるし，画家の画風も理解して，だれそれの絵だろうということもわかる．これは私たちが人間だからできるのだろうか？

6.1　漫画を見分けられるか

　具象画の場合は，対象と絵画という対応がある．しかし，これは単なる3次元の対象を2次元のキャンヴァスへ写したものではない．その途中に作者が介在し，美をつくりだしている．具象画では作者はなるべく忠実に3次元のものをカンヴァスに再現しようとするが，印象派の画家は自分の印象をカンヴァスに映そうとする．3次元の物体と2次元の絵という対応関係は動物でも認められる．比較

6 動物はヒトの芸術を見分けられるか

認知科学者のロバート・クックは，ハトに動物の本からとった鳥や哺乳類の白黒絵画を弁別させることに成功した[1]．ところが，ハトたちは線画を見せられるととたんにわからなくなってしまう．脊椎動物とまったく違う視覚システムをもつハチも，3次元の造花から2次元の花のシルエットに学習の転移を示すが，輪郭だけの線画では転移を示さない．脊椎動物の中で優れた視覚をもつ鳥も，無脊椎動物のハチも，線画に関しては私たちと違う見方をしているようだ．私たちは線画を見ると，輪郭に囲まれた部分にものがあると見なす．動物はそれをしないようなのである．

　最近では，漫画というものもアートとして認められているようだ．オークションでは漫画の原画に法外な価格がついたりするのでびっくりだ．もちろんいろいろな漫画があるが，その一部は線画である．しかし，私たちは線画の漫画を特別な漫画としては見ない．むしろ，漫画の祖型は線画だと思われる．いわゆるストーリー漫画には，特定の登場人物が登場する．一昔前だとチャーリー・ブラウンとかサザエさんとかがそうだ．1980年代に米国でハトにチャーリー・ブラウンを弁別させた研究があった．ハトはこれができる．チャーリー・ブラウンはさまざまな姿勢をとるが，どんな格好でもチャーリー・ブラウンだと見なす．ところが，チャーリー・ブラウンの頭，胴，足をバラしてチャーリー・ブラウンのパーツをスクランブルした化け物をつくっても，ハトはいままでと同じようにチャーリー・ブラウンと見なす．これは私たちには奇妙なことだ．筆者の研究室では，ハトにハトの頭部の写真を弁別させてから，くちばし，目などをバラバラにして見せてみた[2]．CGなどが発達していない時代の実験だから，プリントした写真を切り貼りして写真を撮りなおして刺激をつくったのである．バラバラにした写真ではハトの反応は著しく抑制されてしまう．デタラメに並んだ目やくちば

しでは，ハトとは違うものと見えるようだ．チャーリー・ブラウンの実験とは異なる結果だ．実験方法の違いは2つある．1つは写真か線画かという違い，もう1つは対象が人間かハトかという違いである．

そこで，ハトの写真と漫画（そんなものがあるのかと思われるかもしれないが，探してみると『あらし』という伝書鳩のスポ根漫画があった），人物の写真と線画（サザエさん）の4種類の刺激を使って，ハトが漫画をどのように見ているかを検討した．その結果，スクランブルによって最も反応は抑制されるのはハトの写真，最も影響がないのはサザエさんだった．つまり，チャーリー・ブラウンの実験も筆者たちの実験も，どちらも正しかったことになる（**図6.1**）．

どうしてこのような違いがあるのだろうか．写真の場合，ハトはそれがなにを写したものかわかる（実物を使った弁別と写真を使っ

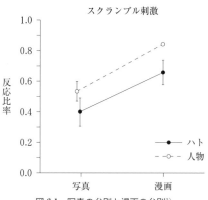

図6.1　写真の弁別と漫画の弁別[3]

ハトは写真の弁別よりは時間がかかるが漫画の弁別もできる．部分をデタラメにつなぎあわせるスクランブル操作をおこなうと，ハトの写真の場合が最も反応が抑制され，人間の漫画の場合が最も抑制されない．

た弁別は相互に転移があることがわかっている)．したがって，実物の世界で起こりえないような写真は，見る側に違和感を起こす．チャーリー・ブラウンやサザエさんの場合，私たちはその背後に男の子や女の人を見る．だからバラバラにされた体では違和感を覚える．一方，ハトはチャーリー・ブラウンやサザエさんの漫画を男の子や女の人を表したものと見ないのだろう．つまり彼らにとっての漫画は，意味をもたない模様のようなものなのだ．先ほどの線画の実験を思いだしてほしい．

　それにしても，チャーリー・ブラウンがどのような姿勢をしていてもチャーリー・ブラウンだとわかり，サザエさんがどのような格好でもサザエさんだとわかるということは，ハトが個別の絵ではなく，「チャーリー・ブラウン」や「サザエさん」というものがわかっていることを示す．少し難しい表現では，視覚カテゴリーをもつという．さらに学者仲間の話を続けると，カテゴリーの弁別ができるということは，カテゴリーの中での般化とカテゴリーの間での弁別ができることだ．つまり，あるカテゴリーに属するものは同じものと見なし（般化），カテゴリーが異なるものは違うものと見なす（弁別）ということだ．

　ちょっと例をあげると，私たちは「人」の視覚カテゴリーをもっている．だから写真を見たとき，人の集合写真でもクローズアップでも，手だけ写っていても，人の写真だとわかる．ハトにもこのような視覚カテゴリーがあることを最初に発見したのは，ハーバード大学にいたリチャード・ハーンスタインだ（筆者より年上だが，個人的にはもっとも馬があう友人のひとりだった．残念なことに働きざかりで亡くなった）．彼はたくさんの写真を集め，スライドプロジェクターでハトにそれらを見せた．人が写っている写真のときにスクリーンをつつけば餌がもらえるが，人が写っていない場合には

つついても餌はもらえない．ハトは人が写っている写真のときだけつつくようになる．この訓練をすると，ハトは初めて見る写真でも人が写っているかいないかを正しく区別できるようになったのである．当時としては非常に先端的な研究だったので，追随する実験はあまりおこなわれなかった．次に述べる筆者のハトの絵画弁別の実験は，このハーンスタインの実験からヒントを得ている．

6.2 画風を見分けられるか

画家には画家の作風というものがある．私たちは，これはピカソの絵に違いなかろうとか，ゴッホの絵だろうとかかいうことが初見の絵でもわかる．ピカソの絵やゴッホの絵が見分けられるのは過去にピカソやゴッホの絵を見ているからで，つまり学習した結果なのだ．そして初見のものでもモネだ，ピカソだとわかるのは，経験によってモネならこんな絵，ピカソならあんな絵という視覚カテゴリーをもっているからだ．

かつてパリのエコール・ノルマル（大学の一種だがたいへんなエリート養成機関）で講義をしていたときにモネの絵を見せて，どうしてモネだとわかるか，と学生に聞いたら，よく本物を観るからだと答えられて話の腰を折られたことがある．しかし，しょっちゅうマルモッタンやオルセー（いずれもパリの美術館）に行くわけではない日本の学生でも，初見の絵を視覚カテゴリーによって判別できる．ハトが視覚カテゴリーをもつなら，このような弁別もできるに違いないというのが筆者の研究室の発想だった．だったらハトも同じように訓練すればいい．

ハトにピカソの絵 10 枚とモネの絵 10 枚の弁別を訓練した[4]．一群のハトでは，ピカソの絵がスクリーンに見えたときにスクリーンをつつけば餌がもらえ，モネのときはもらえない．他の群のハトは

逆にモネのときにつつけば餌がもらえ，ピカソのときにはもらえない．どちらのハトもおよそ20日の訓練で正しくスクリーンをつつくようになった．

そこで初見の絵でテストをした．さらにルノワール，セザンヌ，マチス，ブラックなどの絵も混ぜてテストした．ハトは初見でもピカソとモネの区別をした．そればかりではなく，ピカソをつつくように訓練されたハトはマチスやブラックでもスクリーンをつつき，モネをつつくように訓練されたハトはルノワールやセザンヌでもスクリーンをつついたのである（図6.2）．どうやら，ピカソと他のキュビストの画風が似ており，モネと他の印象派の画風が似ていることもわかるようになったらしい．キュビスト，印象派という視覚カテゴリーができたらしいことになる．ここで注意しなくてはならないのは，研究者が典型的な画風の絵を選んでいるということだ．ピカソの青の時代の作品などは登場しない．素人が考えるピカソらしいキュビストのピカソの絵が使われている．

なにが弁別の手がかりだろうか？　まず色の違いが考えられる．もちろん絵画を選ぶときに色や題材が偏らないようにしているが，ハトは違う見方をしているかもしれない．白黒の絵画を見せるテストをした．弁別の成績は落ちない．もう1つの可能性は輪郭線である．キュビストの絵画にははっきりした輪郭線があるが，印象派は朦朧としている．この実験をしていたときはCGなどが発達していない時代なので，実際にピンぼけにして朦朧態のピカソの絵をつくった．しかし，ハトはそれでも弁別ができる（図6.3）．考えられるのは，ハトがなにか1つの手がかりだけで弁別しているのではないということだ．複数の情報を統合して，ある情報が十分な手がかりを与えないときには別の情報を使う，そんな認知をしている．実は私たちが絵画の弁別のような複雑な視覚認知をするときにはハトと

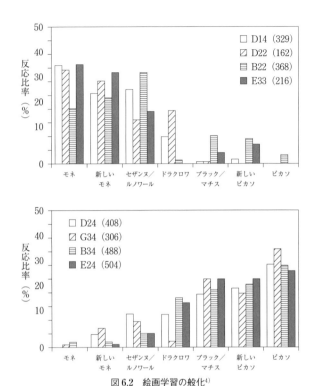

図 6.2　絵画学習の般化[4]

ハトの絵画弁別．モネの絵をつつくように訓練した 4 羽のハト（上）は，初めて見るモネばかりでなく，他の印象派の絵もつつく．ピカソの絵に反応するように訓練されたハト（下）はピカソばかりでなくマティスやブラックの絵にも反応する．

同じことをしている．

　このようなハトの画風弁別はピカソとモネばかりでなく，ゴッホとシャガールでも，また，ハトではなくブンチョウでも認められている．かなり一般性のある能力なのだ．実験を続けているうちに，さまざまな画像処理の技術が進歩してきた．アナログのカメラではなくデジタルカメラになり，いろいろなコンピュータ処理ができる

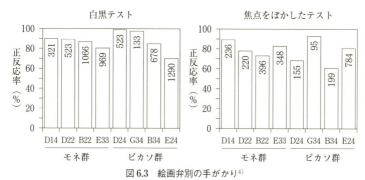

図 6.3　絵画弁別の手がかり[4)]

絵画を白黒（左）にしても，焦点をぼかしても（右），ハトは正しく絵を弁別できる．

ようになった．いわゆるモザイク処理もその1つだ．モザイク処理をすると，その単位面積内の情報は平均化される．したがって色の濃淡も平均の値になる．単位面積を大きくするほど局所的な情報は失われ，おおざっぱな情報だけが保存されるようになる．ゴッホとシャガールの弁別の後に，このようなモザイク処理をした絵画でテストをした．単位面積が大きくなるとだんだんと弁別が悪くなる．これはヒトでテストした場合とあまり変わらなかった．

先ほどのハトの例ではキュビストと印象派の区別だったが，西洋画と日本画という区別もできる．日本画というのは，西洋画が入ってきてからの概念で，技術的には絵の具の粒子が日本画のもののほうが大きいらしい．日本画は写真的具象ではなく，影を使わない（例外はあるが），暗い色は使わないといった特徴をもっている．西洋画の代表として印象派の絵10枚を選び，日本画の代表として浮世絵10枚を選んでハトに弁別させたところ，弁別が可能であったし，ブンチョウでもこの弁別ができた．

絵画は人工的な刺激であり，もちろん鳥類はこのような刺激を認知するために視覚能力を進化させたわけではない．彼らなりに進化

した視覚能力を,このような課題の解決に利用したわけである.したがって,私たちと鳥たちは違うやり方で絵画の弁別をしているのかもしれない.私たちも鳥も視覚認知が優れているが,視覚認知の方法が違うのかもしれない.ウィーン大学のルードヴィッヒ・フバーとウルリケ・アウストは,ハトに人の写真を弁別させた後,写真を小さな矩形に切り分けて,もう一度それらの矩形をデタラメに並べなおしたスクランブル刺激を使ってハトの視覚認知方法をテストした.これらの刺激はヒトが見てももとがなんであったかちょっとわからない.しかし,ハトはかなり細かな矩形に切り分けてもなんとか弁別を維持する.

筆者の研究室では,西洋画と日本画の弁別をしたハトにこのスクランブル刺激を見せてみた.なんとこのような刺激でも,西洋画と日本画の弁別ができた(**図 6.4**).フバーとアウストの結果が絵画弁別でもたしかめられたのである.スクランブル刺激では絵画の大きな構図や位置関係は失われるが,局所的な情報はもっている.ヒトがスクランブル刺激からもとの絵を推定するのが難しいという話をしたが,ハトはスクランブル刺激で訓練して原図でテストしても,逆に原画で訓練してスクランブル刺激でテストしても正しい判断ができる.ハトはごく小さな特徴をつかんで画風の弁別をしていたことになる[3].

日本画と西洋画では絵の具が違うという話をしたが,ハトは水彩画とパステル画の区別もできる.刺激として使う絵画はいったんデジタルカメラで撮影されているものなので,ヒトが見てもこの区別はちょっと難しい.しかし,ハトはこれをやってのける.ただ,白黒にしたり,モザイク処理をすると成績が悪くなる.このような弁別には色と細かい特徴が重要らしい.

これらの一連の研究は,鳥類の優れた視覚認知が人間の芸術作品

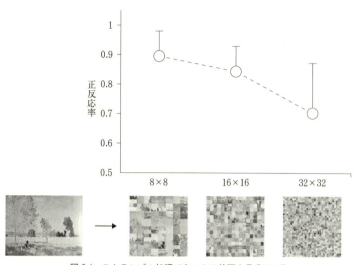

図6.4 スクランブル処理でもハトは絵画を見分ける[3]
絵画を細かく分割してデタラメに並べなおしても（スクランブル処理），ハトはかなり弁別ができる．

の区別までできることを示している．実はヒトと鳥類の優れた視覚認知には，共通の進化的背景がある．一般的に哺乳類は視覚認知が得意ではない．元来が夜行性で光があまり役に立たない．例外が私たち霊長類だ．視力においても色覚においても，私たちは哺乳類の中で傑出している．一方，鳥類の多くは優れた視覚認知をもつ．鳥の中には私たちの三原色に加えて紫外線領域にも感受性のある視細胞をもつものがいるし，猛禽類の視力は圧倒的だ．霊長類と鳥類は似たところがあり，どちらも昼行性だ（例外はあるが）．太陽光がないところで視覚は役に立たない．どちらも木から木に飛び移る．いまや鳥は大空を飛びまわるが，もともとの祖先は樹から樹へ飛び移っていたと考えられる．この3次元生活にはなんといっても視覚が重要だ．飛び移るための遠近感は視覚情報によって可能になる．

図 6.5 マウスの絵画弁別の装置
絵画の前にタッチスクリーンがあり,マウスは正しい絵を選択すると少量のミルクが与えられる.

樹上では多くのものが部分的に葉に覆われている.部分情報から全体を推定するためには優れた視覚情報処理が必要だ.食べごろの果物も色がわからないと区別できない.白黒写真だと赤リンゴか青リンゴかわからないのだ.

反対に視覚が乏しいものの代表がネズミだ.夜行性で,昼間は出てこない.一方,嗅覚やヒゲの触覚は優れ,仲間同士では警戒フェロモンを出して危険情報を伝えあう.もちろんネズミの視覚研究もおこなわれたが,視覚研究の多くは従来,サル,次いでネコでおこなわれてきた.ところが最近になって,ネズミも案外視覚情報を使っているのではないかということがいわれている.カナダの研究者たちが,マウスが仲間の痛覚反応を視覚で認知しているのではないかといいはじめたのである.長年鳥類の視覚認知を研究してきた筆者としては「???」という感じだったが,ともかくまずはマウスの視力検査をした.マウスは多くの系統があるが,使ったのはC57BL6 という黒毛の系統である.一般的に黒い目のほうが赤い目

⑥ 動物はヒトの芸術を見分けられるか　93

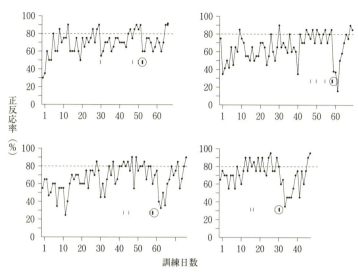

図 6.6　マウスも絵画を見分ける[5]

マウスは一対の絵画を弁別するが，小さな線分で示されるところで新しいモンドリアンとカンディンスキーの絵画の弁別を学習しなくてはならない．太い線分で丸に囲まれたところではピカソとルノワールの絵の弁別がはじまる．

より視力が良い．コンピュータスクリーン上にごく粗い縦縞と横縞を並べてマウスに見せる．スクリーンはタッチスクリーンになっていて，マウスは正しいほうに触れると，薄めたコンデンスミルクがちょっぴり飲める．85%正解が続くと縞の粗さを一段階細かくする．それも弁別できるようになると，さらに縞を細かくする．このようにしてマウスがどのくらいまで縞を弁別できるかを調べた．ヒトに較べると見劣りするが，役に立たないというほどではない．

　そこでいよいよ絵画の弁別に取り組んだ．絵画はカンディンスキーとモンドリアンである[5]．絵画のお好きな方はご存知だと思うが，前者は画家の頭の中のイメージを絵画に表現することを重んじ，外界に描く対象はない（非対象絵画といわれる）．一方モンド

リアンは，絵の要素を突きつめて直線や矩形にまで落としこむ．これまた明らかな対象はない．先ほどのタッチスクリーンの装置を用いて，一対のカンディンスキーとモンドリアンの絵の弁別を訓練した（**図 6.5**）．易しくはない．85% の弁別ができるまでにおよそ 1 カ月かかった．そこで今度は新しい一対のカンディンスキーとモンドリアンの絵で訓練する．初日の成績はおよそ 70% だったが，ほぼ偶然水準のマウスもいた．同じように対になった絵画で次々に新しい訓練をした．最後の 4 対目では，初日でおよそ 80% の正答率だった．訓練方法が異なるので直接鳥との比較はできないが，マウスも「カンディンスキー」，「モンドリアン」の画風の視覚概念が獲得できたようなのである（**図 6.6**）．

6.3 上手下手がわかるか

これまでの研究は，絵画のスタイルや画法の問題であって，美しいかどうかの弁別ではない．美の動物研究ではなんとかして，絵画の画風ではなく「美しい」ということが動物にわかるかという問題に挑戦したい．なにが美しいかというのは難しい問題で，いわゆる見解の相違も多々ある．どこかで「美しい絵画」の展覧会が開かれるとしたら，集められる絵画は集める学芸員によってずいぶん違ってくるだろう．つまり，美には多様性がある．これが印象派の展覧会とかキュビストの展覧会ならば，展示される絵にそれほどの違いはないだろうと思う．ごく素朴な絵，たとえば小学生の絵などを見たときには，それが上手か下手かは割合簡単に判断ができ，しかも，それほど見解の相違はなさそうだ．それでも，子どもの上手な絵を言語的に定義しろといわれると結構たいへんだ．筆者の研究室では，動物に見せる刺激として小学生の絵を使ったが，図画の先生に同じ質問をするとちょっと困ったという感じになる．もちろん，

余白がないとか,色を使うとか,水彩では違う筆を使う,といった技術的な面はあるが,やはりそれだけではないようだ.

　高尚な芸術作品ではなく児童画のレベルであれば,ほとんどの人が納得する上手下手というものがありそうだ.その上手下手というのは視覚カテゴリーとなりうるだろうか? もしそうなら,動物にも上手下手が弁別できるかもしれない.実は,最初は本当の画家の絵を使って上手下手の弁別訓練をやろうとした.上手な絵は簡単に手に入るが,下手な絵は入手が難しい.下手な絵の画集などはないし,そもそも専門家の描いた下手な絵を探すのは妙なものだ.そこで考えたのは,上手な絵に細工をして下手なものにする,ということである.美学の研究者に相談したところバランスを崩すのがよかろうというので,コンピュータ上で絵の中の木を大きくしたり,建物を小さくするといった作業をした.できあがったものは,まあ下手といえば下手だが,いってみれば人工的な下手さ（?）であって自然な下手さではない.そこで児童画に目をつけたわけだ.小学校の図画の先生に頼んで,成績の良い絵と悪い絵のサンプルの写真を撮らせてもらった.しかし,算数の答案ではないから,先生の主観というものも入りうる.そこでサンプルを通常の（美術の訓練を受けていない）成人に見せて,上手下手を判断してもらった.判断が分かれる絵もあったが,皆が上手と思う絵,下手と思う絵を 10 枚ずつ選ぶことができた（**図 6.7**）.

　これらの絵を使って,いままでの訓練と同じやり方でハトに上手下手を弁別させた[6].画風の弁別とそれほど違わない日数で弁別ができた.そこで,初見の上手な絵,下手な絵でテストをした.ハトはそれらの絵を上手下手という基準で弁別することができたのである.児童画のような素朴なレベルであれば,上手下手は視覚カテゴリーとして動物にもわかることになる.以前,モネやピカソの絵

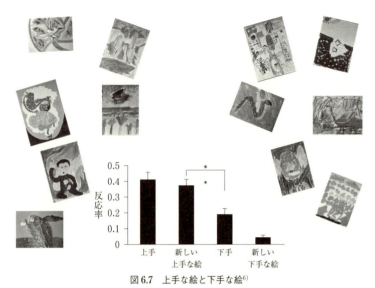

図 6.7　上手な絵と下手な絵[6)]

左半分の児童画は上手な絵，右半分は下手な絵である．ハトはこの弁別ができるだけでなく，初めて見る絵でも上手下手を弁別できる．

の弁別をさせた実験では，絵を白黒で見せても弁別が維持された．しかし，上手下手の弁別では成績が大幅に低下する．やはり上手下手の判断では色情報を使っていたのだ．モザイク処理をすると，単位面積の増加につれて弁別が悪くなる．全体のパターンもまた上手下手の弁別に使われていたということだ．スクランブルはどうだろう．西洋画と日本画の弁別ではスクランブル絵画でも弁別が維持でき，さらにもともとの訓練をスクランブル絵画でおこない，原画でテストしても成績が良かった．上手下手の場合はそうはいかない．スクランブルにすると弁別は維持できない．上手下手のスクランブル絵画で訓練すれば，その弁別は可能である（ちょっと驚きだが）．しかし，原画を見せるとわからなくなってしまう．上手下手の視覚

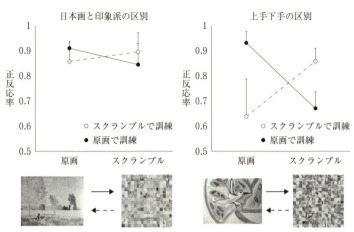

図 6.8 画風の区別と上手下手の区別ではスクランブルの効果が違う

西洋画と日本画の弁別では，原画で訓練してスクランブル画でテストしても，スクランブル画で訓練して原画でテストしても弁別が維持できるが（左），上手下手の弁別では原画―スクランブル画の間の転移がない（右）．ハトは画風の認知と上手下手の認知で違う弁別方略を使っている．

カテゴリーは画風のカテゴリーとは違う方略で弁別されていたようなのである（図 6.8）．

6.4 音楽の弁別

さて，音楽のほうはどうだろうか．ムクドリは音楽の要素である音色，リズム，ピッチを聞き分けるし，それ以外にも動物による音楽の弁別は数多く報告されている．音楽の弁別は絵画の弁別と同じで，感覚的カテゴリー弁別である．私たちはバッハとストラヴィンスキーの音楽を聞き分け，古典音楽と現代音楽もその違いを聞き分ける．これらは異なる楽器で演奏されていても正しく弁別できる．絵画であれば画風にあたる音楽の作風がわかるわけだ．

これまでの研究報告を見てみよう．アカゲザルは「ハッピーバー

スデイ」を聞き分け，オクターヴを超えた般化を示す．ラットも負けてはいない．フランス民謡「フレール・ジャック」をその逆再生から聞き分けるのは序の口で，ビートルズの「イエスタデイ」をモーツァルトの「魔笛」から聞き分ける．筆者の研究室は，バッハの「トッカータとフーガ」とストラヴィンスキーの「春の祭典」の弁別をラットに訓練した[7]．早いラットは20日くらいで弁別できるが，遅い個体は2カ月くらいかかるし，たまにできない個体もいる．ラットは聴覚に優れているが，聞くことのできる範囲がヒトとは異なる．最もよく聞き分けられる音は，ヒトでは1200〜1300ヘルツ，ハトで1000ヘルツ程度だが，ラットでは10000ヘルツくらいで500ヘルツ以下は聞こえない．音楽はもちろん人間のために人間がつくったものだから，音域は人間用である．ラットにとってはちょっと不利だ．

先のバッハの「トッカータとフーガ」とストラヴィンスキーの「春の祭典」を弁別ができたラットに，バッハとストラヴィンスキーの他の曲を聞かせてみると，楽器が異なるのにもかかわらず弁別を維持できた．多少ハンディがあるが，ラットもある程度音楽の聴覚カテゴリーができるようである（**図 6.9**）．

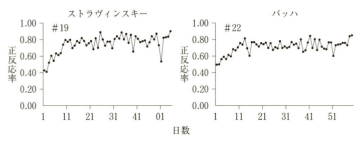

図 6.9 ラットの音楽弁別[7]

ラットのバッハとストラヴィンスキーの弁別（2個体の例）．左の個体ではストラヴィンスキーが餌強化と結びついた曲．右の個体はバッハが餌強化される曲．

聴覚といえばなんといっても鳥類だ.特に鳴禽(歌を歌う小鳥)は,自分たちの歌を弁別できるから音楽の弁別もできておかしくない.そもそも鳴禽は自種の歌を学習しなくてはならず,聴覚弁別に優れていることが知られ,シジュウカラでは同種の40種類の歌を聞き分ける.この能力は,自分のなわばりと境を接する隣人の歌を理解するのに役立っていると考えられる.隣人とは安定した関係になるが,聞き慣れない新しい歌を歌う鳥は侵入者なのだ.ただ,鳴禽でないハトも,ハトの音声の弁別ができることが知られている.

筆者らは,ブンチョウにバッハとシェーンベルクの弁別を訓練した[8].実験箱の中に2本の止まり木があり,バッハの曲が流れたときに止まり木を飛び移ると餌がもらえ,シェーンベルクのときはもらえない(あるいはその逆).この弁別ができたブンチョウは初めて聞くバッハとシェーンベルクを聞き分けるだけでなく,バッハからヴィヴァルディ,シェーンベルクからカーターへの般化も示した(ヴィヴァルディはバッハと同じ古典音楽に属し,エリオット・カーターはシェーンベルクと同じ現代音楽だ).どうやら古典音楽と現代音楽の区別ができるようだ(**図 6.10**).ハトも音楽を弁別できるが,バッハからヴィヴァルディへの般化は示さない.そういう点では,鳴禽であるブンチョウの音楽認知は,よりヒトのものに似ている.

音楽の専門家に聞くと,現代音楽の特徴の1つは不協和音が含まれることだという.ブンチョウも協和音と不協和音の違いがわかるのだろうか.実験してみると,ブンチョウは協和音と不協和音の弁別ができる[9].訓練に使わなかった協和音と不協和音でテストしても,弁別が維持できる.ただ,もともと協和音で止まり木を飛び移るように訓練されたか,不協和音で飛び移るように訓練されたかで多少結果が異なるので,ヒトの協和音と不協和音の認知とは違う面

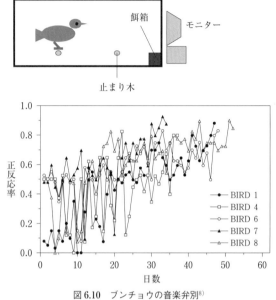

図 6.10 ブンチョウの音楽弁別[8)]
ブンチョウのバッハとシェーンベルクの弁別．5個体の学習曲線．

もあるようだ．

リズムも音楽の重要な要素だ．ムクドリはリズムの弁別ができるし，音楽にあわせたダンスで有名になったオウムのスノーボールは，音楽のリズムに同調したダンスを踊る．ハトは歩くときに首をリズミックに動かすのでリズムに強いように思うが，テンポが速いか遅いかは弁別できるものの，リズムそのものの弁別はできないようだ．

ブンチョウやキンカチョウ，ウグイスなどの鳴禽は，生まれつき彼らの歌が歌えるわけではない．私たちが言葉を憶えなくてはならないように，彼らは彼らの歌を憶えなくてはならない．私たちが親たちから言葉を学習するように，彼らも親（父親）から歌を学習す

⑥ 動物はヒトの芸術を見分けられるか　101

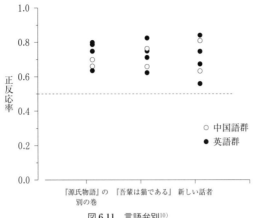

図 6.11　言語弁別[10]

『源氏物語』の英語版と中国語版の弁別．同じ話者の『吾輩は猫である』でテストしても，異なる話者の『源氏物語』でもブンチョウは正しく判断できる．

る．そのためには優れた聴覚弁別学習能力が必要だ．実際，彼らはヒトの言語の弁別すらできる[10]．『源氏物語』の英語版と中国語版をバイリンガルの話者に朗読してもらい，ブンチョウに弁別させた．彼らは英語と中国語を弁別するばかりでなく，訓練には使わなかった『吾輩は猫である』の中国語版，英語版でテストしても中国語か英語かを判断できたのである（**図 6.11**）．ただの音として聞いた場合，英語と中国語はどこが違うのだろうか．言語学者に相談したところ，これは案外難しい問題らしいが，どうも母音と母音の間の距離が違うらしい．

さらに微妙な音声の認知に，プロソディがある．私たちは相手が「そうですか」と答えたときに，それが疑いをもった「そうですかあ？」なのか，心から賛成している「そうですか！」なのかを明確に区別できる．質問に対する「ええ」という答えだけでも，本当に賛成なのか，本心では反対なのかを読みとれる．ま，これらがわか

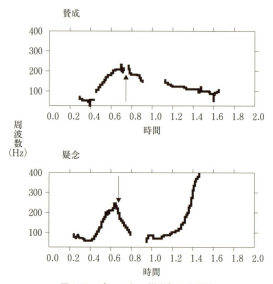

図 6.12 プロソディ（抑揚）の弁別[11]

「そうですか」の賛成のプロソディ（上），疑念のプロソディ（下）のソノグラフ．ブンチョウはこの弁別ができるだけでなく「あなたですか」という文のプロソディも弁別できるようになる．

らないと KY ということになるのだろう．私たちがこのような微妙なニュアンスがわかるのは，言葉がプロソディといわれる抑揚をもっているからだ．さて，聴覚弁別のスペシャリストの鳴禽は私たちのこの繊細な弁別もできるのだろうか．結論からいうとできるのである[11]．またブンチョウに登場してもらう．使うのは「そうですか」という日本語だが，国立国語研究所のコレクションから疑念のプロソディで発話されたものと，賛同のプロソディで発話されたものを選んで刺激とした．さらにテストとして，「あなたですか」を疑念と賛同で発話したものを使った．ブンチョウは弁別ができるだけでなく，初めて聞く「あなたですか」でもプロソディを判断でき

⑥ 動物はヒトの芸術を見分けられるか　103

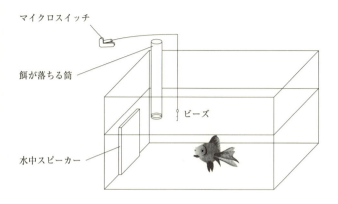

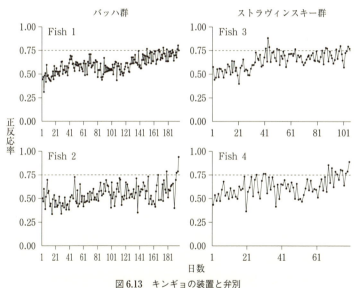

図6.13　キンギョの装置と弁別
キンギョの弁別訓練の装置（上）と4個体の学習曲線（下）．

たのである（図 6.12）．

　水中の動物はどうだろう．水中でも案外音が聞こえることはスイミングプールで潜ってみればすぐわかる．実際，魚類の聴覚研究は結構ある．キンギョは聴覚に優れた種で，古典的条件づけ（パブロフの条件づけ）を使った実験でキンギョが純音の弁別ができることが示されているが，音楽そのものを使った例はほとんどない．筆者の研究室の篠塚一貴は，キンギョにラットの実験で使ったのと同じバッハの「トッカータとフーガ」とストラヴィンスキーの「春の祭典」の弁別を訓練した[12]．水槽にビーズ玉のついたナイロンの糸が下がっていて，キンギョがこれを引っぱれば上から自動的に餌が落ちてくるような装置を工夫した．音楽は水中スピーカーから流される．弁別はできるが，個体によっては 200 日近くも訓練日数がかかる．音楽弁別に関して筆者の研究室でこれまでに扱った動物の中では最も弁別に時間がかかった．また，ハトやラットと違って新しい音楽への般化は見られなかった．キンギョは音楽の聴覚カテゴリーを獲得できなかったことになる（図 6.13）．一方，キンギョと近いコイでは，古典音楽とブルースの弁別が可能でしかも般化を示している[13]．ただ，訓練法にいくつか違いがあり，特にコイの実験では曲の同じ部分をくりかえし聞かされているのに，キンギョでは毎回ほぼ違ったパートを聞かされている点が大きく違う．これらの種差を明らかにするには今後の研究が必要だが，キンギョは家畜化された種なので，そのことが関係しているのかもしれない．

6.5　どのような動物が絵画や音楽を弁別できるか

　人間のつくった絵画，音楽でも，動物は彼らの感覚能力の及ぶ範囲であれば，訓練によって弁別ができる．しかし，絵画のような複雑な要素からなる刺激では，弁別の方法は複数ある．どのような方

法で弁別するかは，ヒトと動物で必ずしも同じではない．弁別方略の選択には，神経系の違いによる制約と視覚認知能力がどのような使用目的で進化してきたかに依存すると考えられる．図 6.14 は弁別が報告されている動物の種類である．

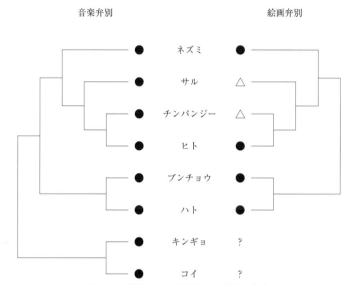

図 6.14 絵画や音楽が弁別できる動物の比較

多くの動物で視覚（絵画），聴覚（音楽）の弁別が訓練によって可能である．△：美術作品の弁別ではない．

動物はヒトの芸術を楽しむか

　第6章で,動物がヒトの作成した芸術作品を見分けたり,聞き分けたりできることがわかった.絵画については上手下手の見分けもできた.しかし,身も蓋もない言い方をすれば,これらは餌に結びついた刺激をそうでない刺激から区別できることを示したにすぎない.もちろん,画風や上手下手がカテゴリーになりうることは,ヒトに似た視覚認知能力があることを示している.それはそれですごいことではあるが,私たちが優れた芸術作品に接したときに感じるよろこびを動物も感じていることを意味しているわけではない.

　バーラインの新実験美学のところで述べたように,芸術作品は感性強化としての機能をもつ.ヒトは音楽のDVDを買ったり,演奏会に出かけたりする.また,オークションで絵画を落札したり(お金持ちの場合),展覧会に足を運んだりする.これらにはコストがかかる.お金がかかるというだけではなく,場合によっては行列に並ばなくては観ることができないこともある.ヒトに対する芸術作品の強化効果は圧倒的だ.でも,それは一部の芸術に理解のある高

⑦ 動物はヒトの芸術を楽しむか

尚な人たちだけの話だと思うかもしれない．そうではない．現代人は四六時中芸術に囲まれているのだ．音楽は流しっぱなしだし，商品の展示，広告，さまざまな工業デザインなしの生活は考えられない．デザインが良くなければ商品は売れない．食器，家具，建物，それらがどのくらい良い趣味であるかは別として，私たちはアート漬けなのだ．

筆者はずっと昔に，横浜からソ連の貨物船でナホトカへ行き，シベリアを通ってヘルシンキに抜けたことがある（これは当時最も安く日本から欧州に行く方法で，多くの若者はこのコースをたどった）．共産主義の時代であるから商品の広告などまったくない．シベリア鉄道から外を見ても日本でおなじみの広告の立て看板が見えず（現在はずいぶん減ったが，当時は実に多かった），果てしないシベリアの荒野が広がっているだけだ．これは案外寂しいもので，フィンランドに入ってコカ・コーラの広告を見たときにはなにやらほっとしたものである．

芸術作品は観たから聴いたからといって，お腹がいっぱいになるわけでも渇きが癒されるわけでもない．観ること，聴くことそれ自体が強化効果をもつのである．すでに説明したように，動物でも強化効果は測定できる．最も簡単なのは強化を得ている時間の測定である．たとえばチンパンジーにパズルを与えてそれで遊んでいる時間を計れば，そのパズルにどれだけ強化効果があるかがわかる．美術館での絵の鑑賞時間も基本的には同じことである．この方法の問題点は，飽和，つまりは飽きてしまうことだ．いくら好きな絵でも，1日観ていれば他の絵を見たくなるだろう．別の方法は選択をさせるもので，フェヒナーの選択法はこれにあたる．選択法では，2つかそれ以上のものの相対的好き嫌いがわかる．もう少し手のこんだ方法は，ある強化を得るためになにかをしなければならないも

ので，マウスがある図形を見るためにはレバーを押さなくてはならないといったものである．同種の他個体を見ることやその声を聞くことが強化になることは多くの動物で知られているが，このような生物学的に意味のある刺激でなくても感性強化が認められる．たとえばサルの注視時間を調べると，絵や顔をカラーパターンより長く見ていることがわかる．

7.1 絵画の強化効果

では早速，絵画の強化効果を見てみよう．筆者の研究室では，ブンチョウのためにギャラリーの廊下のような横に長い実験箱をつくり，3本の止まり木を取りつけ，それぞれの位置にテレビモニターを設置した[1]（**図 7.1**）．テレビモニターには3種類の画像が映しだされる．1つは日本画（浮世絵），1つは西洋画（印象派），さらに1つは別の西洋画（キュビスト），そしてもう1つは白黒のパターンである．各止まり木の滞在時間はセンサーで計られるので，いわばギャラリーでどの絵画を長く見ているかを調べるようなものである．同じ絵をずっと見せていると飽きるということもあるので，それぞれ絵画は10秒ごとに同じカテゴリーの別の絵画に変わる．

この実験では7羽のブンチョウを使ったが，個体差が見られた．先に述べた弁別の実験でも，学習するまでに必要な訓練日数には個体差があるが，好みの測定では弁別より個体差が出やすい．これは日常的にもモネとピカソの弁別はだれでもできるが，どちらが好きということになると個人差が出るのと同じである．ブンチョウではそれでもある程度の一貫した傾向も見られた．7羽中5羽は印象派よりキュビストのほうに長く滞在した．印象派と日本画では選択的な好みは見られなかった．よく知られているように印象派は浮世絵から影響を受けているから，ブンチョウにとっても似たものに見え

⑦ 動物はヒトの芸術を楽しむか　109

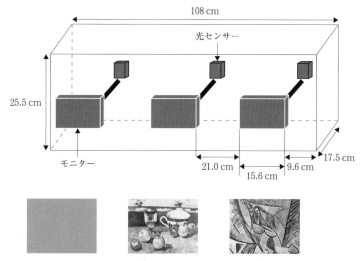

図 7.1 ブンチョウのギャラリー装置[1]
違う絵が映る3台のテレビモニターの前の滞在時間で選好を調べる.

るのかもしれない.

さて，視覚があまり優れていないとされているマウスではどうだろうか．弁別実験に用いたのと同じモンドリアンとカンディンスキーの絵画を用いた[2]．こちらは3連の部屋からなる装置で，両端の部屋にはそれぞれ iPod が置かれている（**図 7.2**）．それぞれの iPod によりモンドリアンかカンディンスキーの絵画を10枚ずつ見せる．見せる順序はデタラメになっており，1回の時間は10秒である．20匹のマウスで調べたが，統計的に一方の絵の部屋のほうに有意に長く滞在したのは1匹だけだった.

モンドリアンとカンディンスキーはどちらも抽象絵画で，好みが出にくいのかもしれない．そこで，ピカソとモネの絵でも同じ実験をした．12匹のマウスで調べたところ，統計的に有意に一方の部

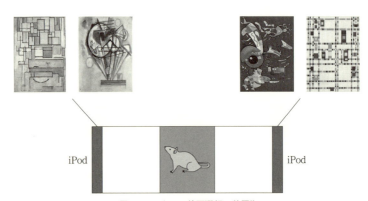

図7.2 マウスの絵画選好の装置[2)]
両端の部屋に絵画が映る iPod を設置し,各部屋の滞在時間から選好を調べる.

屋にとどまったのは1匹だけだった.どうやらマウスはほとんど絵画の好みがない.ブンチョウとの差は明らかである.おそらく,鳥類は視覚を重要な情報源としているのに対し,マウスは嗅覚や聴覚に頼っており,視力も鳥類のほうが数段優れているので,鳥類はある種の細かい感受性が発達したのかもしれない.

さて,絵画の特別なジャンルに春画がある.ヒトはセックスの映像を楽しむ.かなり大きな産業だろうから,ヒトがそのために大きな対価を払っていること,つまり強い強化効果があることはたしかだろう.もちろん,映像技術が生まれる前からヒトはセックスの絵画を描き,またそれを見ることを楽しんでいたわけである.最近開かれた春画展には多くの善男善女が集まった.あまりに当たり前だが,いったいなにがおもしろいのだろう.日本の春画はその洗練において他国の追随を許さないが,同じような趣向の絵画は多くの文化で見られる.ヒトは発情期がなかったり,受胎の可能性がなくても性交する珍しい動物だが,他者の性交を見ることが強化になるのはヒト固有の現象だろうか.

⑦ 動物はヒトの芸術を楽しむか　111

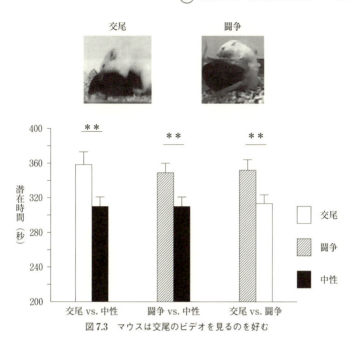

図7.3　マウスは交尾のビデオを見るのを好む

　春画はちょっと難しいので，オスマウスに交尾のビデオを見せてみた[3]．実験装置は，絵画の好みの実験と同じiPodのついた装置である．iPodには，「中性行動」（2個体が一緒にいるビデオ），「性行動」，「闘争行動」のビデオが録画されており，「性行動」と「中性行動」，「闘争行動」と「中性行動」，「性行動」と「闘争行動」の組みあわせでそれぞれの区画における滞在時間を調べた．マウスは「中性行動」よりは「性行動」，「中性行動」よりは「闘争行動」，そして「性行動」よりは「闘争行動」のビデオが見られる区画に長く滞在することが明らかになった（図7.3）．つまり，マウスは性行動や闘争行動を見ることを好んだことになる．他個体の闘争行動を観察することには意味がある．マウスはそこから社会的順位について

の情報が得られるからである.「あいつはこいつより強い」という情報は自分の社会的地位を見きわめるのに役に立つ. しかし, 交尾を見ることになんの意味があるのだろう. ちなみに実験動物となったマウスには性経験はない.

7.2 音楽で快感を得るか

私たちは音楽を聴くことを楽しむ. 音楽の種類によるが, リラックスしたり, 活動を上げたりする効果がある. 子守り歌は子どもを睡眠へといざなう. パチンコ屋では行動促進のために軍艦マーチが流されている. ラットは古典音楽でもロックでも音楽を聞くとバー押しが増えたというから, この点ではヒトもネズミも変わらないのかもしれない (図 7.4). 筆者は試験の採点など退屈な作業のときにはインターネットで「軍歌メドレー・作業用」というのを聴く. そこそこの効果はあるように感じる.

音楽はゾウやネズミでも血圧を下げる効果があり, 心臓移植手術を受けたマウスは「椿姫」やモーツァルトを聞かされると, ただの音よりも予後が良い. この研究はイグノーベル賞になったからご存

図 7.4 パチンコと音楽
音楽はパチンコ操作を促進する.

知の方も多いと思う．音楽の気分を変える効果は広く知られており，少々古い話だがフランスでは「暗い月曜日」というシャンソンを聴いて自殺する人が出たり，日本でも電車のホームで流される発車メロディーが飛びこみ自殺を誘発すると話題になったことがある．心理学では音楽は気分をハイにしたり，落ちこませたりする気分誘導法として使われている．

ただ，いわゆるモーツァルト効果はほぼ否定されている．モーツァルト効果とは，カリフォルニア大学のフランシス・ラウシャー博士が学生にモーツァルトのソナタを聴かせると知能検査の結果が良くなったと報告したものである．1996 年には米国のドン・キャンベルが「モーツァルト効果」を商標登録し，エイズなども含めてさまざまな効果があると宣伝し，それに踊らされる政治家なども現れ，大きな問題となった．しかし，2007 年には「モーツァルト効果は存在しない」というドイツ教育省の報告が出て，現在ではまじめに考える人は少ない．

動物実験でもラウシャーがラットの迷路学習の改善効果を報告したが[4]，ラットは 500 ヘルツ以下が聞こえないので，かなり変形されたモーツァルトの音楽を聞いていることになる．実際，モーツァルトの曲にフィルターをかけて，4 キロヘルツ以上の成分だけにして聞かせても，フィルターをかけない場合と同じようにラットを落ち着かせる効果がある．音楽の学習への促進効果は，それを認めるものと認めないものの両方の報告がある．マウスとラットの胎児に音楽を聞かせると，誕生後の空間学習が促進されるという報告もある．古典音楽，カントリー，ジャズ，ロック，イージーリスニングなどをマウスに聞かせた実験では，古典音楽とカントリーは社会行動を促進するのに対し，ジャズは攻撃行動を促進したという．チンパンジーでは音楽の攻撃行動抑制効果が報告された．結果がさまざ

まなのは，音楽の種類，呈示方法，テストする行動が多様なためだが，現在では動物に対する音楽の効果は，むしろ環境エンリッチメント（動物の飼育環境に変化を与えて豊かな環境にすること）の方法として研究されている．

　これらの研究は，音楽が動物の行動になんらかの影響をもつことを示すが，彼らがそれをどのように感じているかを示すものではない．音楽の強化効果は，実はあまり報告されていない．サルのコモンマーモセットとワタボウシタマリンはいずれも音楽選好を示さない．チンパンジー，ゴリラも好みを示さない．ただ，子どものチンパンジーは，紐を引くと音が流れるという実験で，音楽の要素である不協和音より協和音の音が聞こえる紐をよく引くことが報告されている．協和音への好みはメンドリでも報告されている．メンドリに2つのキイつつきをさせ，どちらのキイをつついても餌が得られるが一方では映画「ローカル・ヒーロー」のテーマも聞けるようにした例では，なんの効果もなかったという．

　筆者の研究室では，類似した方法でハトにバッハの「トッカータとフーガ」，ストラヴィンスキーの「春の祭典」からの曲，または雑音を聞かせた[5]．2つのキイのどちらをつついても餌がもらえるのだが，一方のキイを選択すると7秒間ある音楽が流されてから餌がもらえる．他方のキイを選択した場合には，7秒間別の音楽が流れる．キイの一方を選ぶようになれば，それは音楽の違いによって起きたと考えられる．さて，結果を見てみよう．バッハとストラヴィンスキーの音楽が聞こえるようにして左右のキイの選択を見ると，10日間調べるとわずかながらバッハ側のキイをよく選んでいる．そこで今度は音楽とキイの位置の対応関係を逆にして，10日間訓練してみた．これまでバッハの曲が流れていたキイを選択するとストラヴィンスキーの曲が流れ，ストラヴィンスキーの曲が聞こ

⑦ 動物はヒトの芸術を楽しむか　115

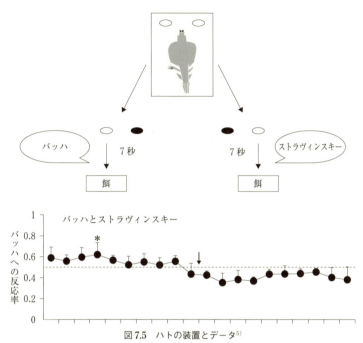

図 7.5　ハトの装置とデータ[5]

ハトの音楽選好を調べる方法．2つのキイのどちらを選択しても7秒後に餌が得られるが，この間に一方ではバッハが他方ではストラヴィンスキーの曲が流れる．バッハ側のキイの選択率を示す．10セッション（↓）でキイの左右が変わる．ハトは位置の選好しか示さなかった．

えていたキイを選べばバッハが聞こえるようにしたわけだ．ハトはストラヴィンスキー側のキイをやはりわずかながら選ぶようになった．つまり，ハトは曲には関係なく一方のキイをわずかながら選ぶ傾向があったのである．同じことは一方がバッハ，他方が雑音の場合でも，一方がストラヴィンスキー，他方が雑音の場合でも見られた．この実験には4羽のハトを使ったのだが，個体ごとに見ると統計的には一方の音楽への好みが見られる個体があったが，60%以

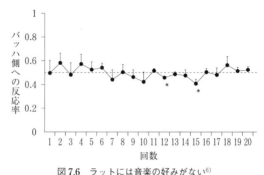

図 7.6 ラットには音楽の好みがない[6]
ラットの音楽選好.ハトの装置と同じような装置で調べたが選好は見られなかった.

下の選好であり,もし音楽の好みがあったとしてもごく弱いものだといえる.メンドリの結果と一致するものであった(**図 7.5**).

ラットではどうだろうか? 同じ音楽で実験をやってみた[6].ラットの場合はキイをつつくのではなく,2つのバーのどちらかを押すと,バーに応じてバッハかストラヴィンスキーの曲が聞こえる.結果はハトと同じだった.ラットはバーの位置の好みはあるものの,音楽の好みは示さなかった(**図 7.6**).音楽と雑音の組みあわせの場合も,はっきりした音楽への選好はない.ことによると,この選択テストは聴覚刺激の好みを調べるのに適していないのかもしれない.そこで,まずはラットが嫌がる音を聞かせることにした.ちょっと気の毒だが,別のラットに電気ショックをかけてその悲鳴を録音する.そして,一方のバーでは雑音,他方では悲鳴が流れるようにする.ラットは明らかに悲鳴を避け,雑音側のバーを選ぶようになった.この選択テスト法で聴覚刺激の好みを調べること自体には問題がなかったのである.

サカナでも実験した[7].キンギョである.キンギョを水槽に入れて,カメラの画像処理でどこにいるのかを検出した.そしてキンギ

⑦ 動物はヒトの芸術を楽しむか　117

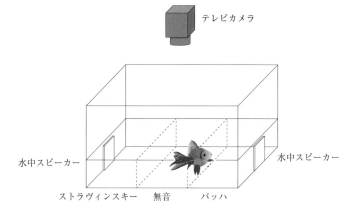

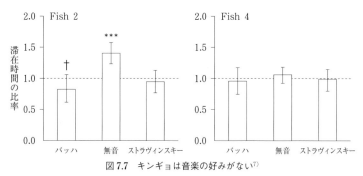

図7.7 キンギョは音楽の好みがない[7)]

キンギョの音楽選好の装置（上）と選好（下）．キンギョの位置を検出し，左右の区画にいると水中スピーカーからバッハまたはストラヴィンスキーの曲が流れる．中央の区画にいると音楽は流されない．

ョの位置によって，違う音楽が水中スピーカーから聞こえるようにした．使った音楽はこれまでのものと同じである．音楽が流されている区画の滞在時間の比率を音楽の好みの指標とすると，6個体のうち1個体で統計的に有意にストラヴィンスキーが聞こえる区画への滞在時間が増え，バッハの区画での滞在時間が減少したが，ほか

はいずれも統計的に有意な差は見られなかった（**図 7.7**）．キンギョもまた音楽への好みがほとんどなかったのである．実験方法がいけないのかもしれない．この選択テスト方法の妥当性も調べる必要がある．そこで，ラットの場合と同じようにまずキンギョが嫌がる音を作成した．キンギョが水中の環境音に感受性をもつという報告もあるので，そのような刺激をつくった．ネズミと違って悲鳴というわけにいかないから，水中マイクで水の中でキンギョを追いまわしたときの環境音を録音した．比較する音は雑音である．この方法で，キンギョはキンギョが逃げまわる環境音の聞こえる区画を避けることがわかった．このテスト方法自体はちゃんと音の好みを検出できるのである．

このような研究から，どうも音楽の好みはヒト固有で，他の動物では見られないと考えられるようになった．2007 年の雑誌『ネイチャー』は，音楽への好みはわれわれ人間と，鳴禽だけで認められるとしている．ズアオアトリが自種の歌への選好を示す実験がある[8]．この実験では鳥かごに 3 本の止まり木があり，両端の止まり木に止まるとテープレコーダーが再生され，歌または雑音が聞こえる．種としてはキンカチョウ，ミヤマシトドなどでも報告されている．早速この方法で音楽の好みを調べた[9]．使ったのはブンチョウである．実験箱には 3 本の止まり木があり，センサーによってどの止まり木にいるかがわかる．両端の止まり木に止まると左右によって違う音楽が流れる．真ん中の止まり木にいるときには音楽は聞こえない．最初の実験ではバッハ（フランス組曲）とシェーンベルク（ピアノ組曲 25）の音楽を使った．すべての個体ではないが，バッハの聞こえる止まり木に多く止まっていることがわかった．おもしろいことに，シェーンベルクの止まり木よりは中央の止まり木にいることのほうが多い．これはシェーンベルクの曲が聞きたくない音

楽であることを示すだろう．バッハとシェーンベルクの違う曲でも同じ結果が得られた．また，音楽選好を示さなかった個体も，バッハと雑音，シェーンベルクと雑音の組みあわせにすると音楽選好を示したのだが，シェーンベルクだとむしろ音の聞こえない中央の止まり木に多く止まることもわかった．次の実験では，ヴィヴァルディ（バイオリン交響曲）とカーター（オーケストラのための変奏曲）にしてみた．ブンチョウはヴィヴァルディの聞こえる止まり木に多く止まり，カーターの止まり木よりは音楽の流れない止まり木にいることがわかった．この実験がヒト以外の動物で音楽の好みを示した最初の研究になった．もう1つのおもしろい発見は，個体差である．先に述べた自種の歌への選好では，このような個体差は見られない．音楽といった，彼らが初めて聞く人工的な刺激の場合には，個体による好みの違いが現れるということである．

音楽に好みを示す人間と鳴禽，これらに共通するものはなんだろう？　それは，彼らが複雑な聴覚コミュニケーションをもつことである．ヒトは言語を，鳴禽は歌を，それぞれ憶えなくてはならない．ヒトの赤ちゃんは言語とはいえない喃語を話しはじめ，やがて言語を獲得していく．小鳥も断片的な歌（サブソング）を歌いはじめ，やがて立派な歌を歌うようになる．喃語やサブソングの段階では，自分の発する音が強化効果をもつことが重要だ．実際赤ちゃんでも小鳥でも，自分で勝手に音を出して楽しそうにしている．複雑な聴覚刺激が強化効果をもつことは，この段階で学習に役に立つはずだ．そうだとすれば，鳴禽以外でも複雑な聴覚コミュニケーションをもつ動物では音楽の好みがあるはずだろう．選んだのは南米のデグーだ（**図7.8**）．子猫くらいの大きさのネズミの仲間であるが，別名「アンデスの歌うネズミ」で，複雑な聴覚コミュニケーションをもつことで知られている．このデグーでバッハとストラヴィンス

図 7.8 「歌うアンデスのネズミ」デグー

キーの選択を調べてみたところ,残念ながら選好は認められなかった.先ほどの仮説は間違っていたのだ.

ところで,これまで述べてきた音楽の実験はバイアスがある.それは,使われている音楽がいずれも西洋音楽であることだ.鳴禽以外で音楽選好が見られなかったのは,西洋音楽への選好が見られなかったということかもしれない.そこで,彼らの故郷である南米の民族音楽を聞かせると,西洋音楽より好むことがわかった.ある環境は物理的な音響特性ばかりでなく,そこに棲む鳥や虫の声,移動の音などによるビオフォニーといわれる音響環境をつくりだす.ビオフォニーはそこに棲む動物たち(ヒトを含む)に影響を与える.民族音楽はその音楽が生まれた土地の環境音や音響特性に影響を受けているし,同じ環境に棲む動物の聴覚特性にも影響を与えているだろう.

サースウエスタン大学のモルガン・ミングルたちは,チンパンジーにアフリカ音楽,インド音楽,そして日本の太鼓を聞かせるということを考えついた[10](**図 7.9**).実験はチンパンジーの飼育エリアでおこなわれ,カセットテープで各音楽を 40 分流して,チンパンジーがどのくらい音源の近くにいたかを記録するという素朴な

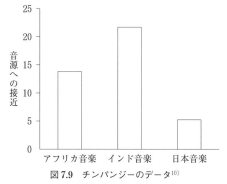

図 7.9 チンパンジーのデータ[10]

チンパンジーは音楽選好がないといわれてきたが，アフリカ音楽やインド音楽には選好を示すようだ．

方法である．チンパンジーはアフリカ音楽とインド音楽が聞こえるときには音源の近くにいることがわかった．一方日本の太鼓にはこのような効果はなかった．著者たちによれば，日本の太鼓と西洋音楽は一定の予測可能なリズムがあり，これはチンパンジーの威嚇リズムに似ているのだという．そこで筆者らは，先ほどのデグーで故郷チリの音楽と西洋音楽（バッハまたはストラヴィンスキー）の選好を調べてみた．どちらも器楽だが，チリ民族音楽は筆者にはどこか日本の演歌に似た印象を与える．実験の結果，デグーはチリの民族音楽に選好を示した．西洋音楽以外では動物も音楽に好みを示す可能性があるのだ．

7.3 動物のための音楽を

なんといっても音楽はヒトによるヒトのための作品である．異なる動物は異なる可聴域をもち，自分たちの得意な音域をもっている．すでに高齢者の域に達した筆者にはもちろん高周波の音は聞こえない．公園から若者を追い払う高周波は一向に気にならないが，

マウスに聞かせる高周波音が本当に出ているかどうかを確認するためには若い学生を呼んでこなくてはならない．動物の聴覚コミュニケーションの特性にあわせた音楽をつくって聞かせるという試みがなされている．動物行動学者のチャールズ・スノードンたちは，ワタボウシタマリンの聴覚コミュニケーションを分析し，威嚇音声の特徴と親和的音声の特徴をもつように調整した音楽を作成した．それをヒトの声またはチェロでワタボウシタマリンに聞かせて行動を観察した．その結果，ヒト用の曲ではなんの効果もなかったが，ワタボウシタマリンの威嚇的音声に似た特性をもつ曲では不安行動を促進し，親和的音声に似た特性をもつような曲では鎮静効果が見られたことを報告している[11]．この実験は選好を調べたものではないが，動物用音楽を使った実験の可能性を示すものである．

また，スノードンたち[12]は，「コズモ・エアー」と「ラスティのバラード」をネコの音域にあわせてネコ用に編集した曲をネコに聞かせ，その反応を評価することをおこなった．ネコ用に編集した音楽を聞かせると，未編集のものを聞かせた場合より音に近づく反応

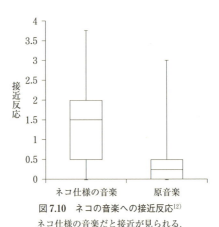

図7.10 ネコの音楽への接近反応[12]
ネコ仕様の音楽だと接近が見られる．

が多く見られたという（**図 7.10**）．この研究は飼い猫の行動観察という実験なので厳密さには欠けるが，動物の音楽選好は，音楽そのものを動物仕様に変えることによって認められるようになる可能性を示している．絵画も音楽も，ヒトによるヒトのための芸術である．ビデオディスプレイもヒトの三原色色覚に基づいてつくられている．いってみれば動物に優しくない機械なのである．これからは，音楽をそのまま聞かせるのではなく，これらのバイアスを考慮した実験がなされるようになるだろう．

7.4 感性強化としての美に種を超えた普遍性はあるか

　この章の問題は，種を超えた感性強化の一般性という問題である．ヒトの芸術作品は，ヒトにとってのメッセージであったり強化であったりするので，他の動物にとってはなんの意味もなく，また報酬的な効果がなくてもおかしくはない．現在までのところ可能性があるのは音楽のほうであって，絵画のほうは例外的とも見える．ただ，あまりにも研究例が少ないので，今後，音楽でおこなわれたように動物仕様の絵画をつくれば動物が楽しむ視覚芸術の条件が明らかになるかもしれない．動物の美学研究ははじまったばかりの研究なのである（**図 7.11**）．

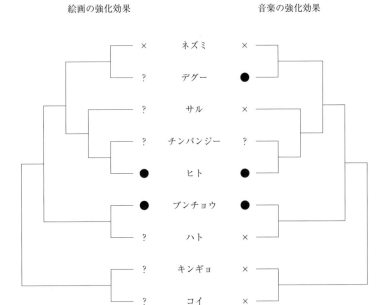

図 7.11 美の強化効果の比較
絵画と音楽の選好を示す動物. 今後は動物仕様の刺激での検討が待たれる.

洞窟絵画の謎

　人間の芸術活動はどこまでさかのぼれるだろうか．そして，それらは美の生物学的起源についてなにを教えてくれるだろうか．音楽の起源は絵画の起源より古く，歌はもっと古いと思われるが，痕跡が残らない芸術なので，まずは絵画を調べよう．

8.1　洞窟絵画

　500万年にもなる人類進化の中では，絵画の出現はごく新しいことになる[1]．認知考古学者のスティーヴン・ミズンは，ある時期に「芸術のビッグバン」があったのだと主張している．ザンビアの洞窟では40～35万年前のさまざまな色の顔料が見つかっているが，絵画作品は見つかっていない．南アフリカに近いブロンボス洞窟では，7万5000年前の絵の具セットが見つかっているが，やはり絵そのものは見つかっていない．これらの顔料を使った絵画は失われたのかもしれないが，顔料は絵画ではなくボディ・ペインティングに使われた可能性もある．むしろボディ・ペインティングこそが，絵

画に先立つ美術のルーツかもしれない．

いまのところ最古の絵画は，スペイン南部のネルハ洞窟にネアンデルタール人が描いたアザラシの絵画で，4万3500〜4万2300年前のものである．この絵画はのちに出てくるクロマニョンの絵画とは画風が異なる．次に古いのが南フランス，ショーヴィエ洞窟のもので，2万500年前である．このように，洞窟絵画はフランス，スペインを中心に350カ所以上で見つかっている．画家のピカソやマルチ哲学者であるジョルジュ・バタイユを感激させたラスコー洞窟の絵画は，1万5000万年前のものである．これは14歳と17歳の少年がたまたま発見したもので，彼らは2人だけの秘密にしておいたのだが1人の母親が知ることになり，先史学の専門家であるブルイユ神父が研究することになった．

同じ時期のアルタミラ洞窟の絵画は，幼い公爵令嬢によって発見されている．どうも，子どもは洞穴に入りたがる．ただ，アルタミラのものは長いこと子どものいたずらだと思われ，旧石器時代の作品とは認められなかった（図8.1）．おもしろいことに，ショーヴィエ洞窟からアルタミラ洞窟まで，2万年にわたり絵画の様式が変化していない．これはちょっとした驚きだ．現在の絵画様式の目まぐるしい変化とはたいへんな違いである．もっともこの2万年ではヒトの生活もあまり変わらなかったのだろう．

洞窟だから残っていた，ということもあろうが，なぜそんな不便なところでわざわざ絵を描いたのかというのがまず疑問になる．そもそも，絵画が描かれている洞窟は住居ではない．照明設備が限られた時代のことである．絵を描きたければ太陽のある外で描けばよさそうなものである．音楽家であり，実際に洞窟での演奏活動をおこなっている土取利行[2]は，音楽演奏のための場所ではないかという説を紹介している．洞窟の石柱や石筍（せきじゅん：地面から竹

⑧ 洞窟絵画の謎　127

図 8.1　洞窟絵画

の子のように伸びた石）は，打楽器（リトフォン）として使われたのかもしれない．さらに洞窟の音響特性を調べると，絵画のある場所ではヒトの音声と共鳴したり，反響したりする性質があることがわかった．宗教的な儀式には適した場所だといえる．なにかその場所に絵を描く特別な必要性があったことを想像させる．

　このようなことから，洞窟絵画はある種の呪術性があるのではないかという主張がされている．長い年月にわたる様式の伝承なども，この説を裏づける．しかし洞窟絵画に呪術性のあるものは一切ないとする意見（ルロワ＝グーラン）もあり，呪術をおこなうシャーマンがトランス状態（いわゆる神がかりの状態）であれだけの精密画を描けるのかという疑問も残る．ルイス・ウィリアムズはアフリカの岩絵（後述）と洞窟絵画を調査し，洞窟絵画が動物そのものを描いたものではなく，脳内の幻覚のようなものを描いたという説を唱えている．たしかに，洞窟絵画が私たちを惹きつけるのは対象がそのまま描かれているからではなく，ある種の幻覚に似た変容があるからかもしれない．

もう 1 つのおもしろい指摘は，洞窟絵画と自閉症スペクトラムの児童画との類似性である．進化心理学者のニコラス・ハンフリーは，ナディアという少女（自閉症スペクトラムで 10 語程度しか話せない）の絵と洞窟絵画の類似性から，洞窟絵画を描いた人たちは言語能力がなかったと推論している．

8.2 なにが描かれているのか

なにが描かれていたのか？ 狩猟対象となる大型動物が圧倒的に多い．不思議なことに，よりたくさんとれたはずの小型動物はほとんどなく，あれほど動物を精密に描きこんでいるのに人物になると極端に稚拙または省略されている．洞窟絵画の動物というと，なにか躍動感のある「生き生き」とした野牛などが描かれていると思いがちだが，反論を唱えた人もいる．これらは死体の絵だというのである．1930 年代に画家のパーシー・リーズンは動物の腹部が手前に膨らんでいることに気がついた．さらによくみると足は地についているのではなく，ぶらさがっている．つまり，死んだ動物を横たえて描いていると想像できるのだ．リーズンはなかなか実証的な人らしく，屠殺された動物の写真を撮ってそれが洞窟絵画に似ていることを示してもいる．実際，ラスコーの絵画では腸がはみだした動物も描かれている．

しかし，動物の死体を洞窟の中まで引きずってきて描いたとは考えにくい．スケッチブックがあるわけではないので，洞窟の外で見たものを記憶に頼って描いた，ということになる．いや，スケッチブックを使ったという説もある．モリスは皮のカンヴァスに木炭でスケッチして，それを使って洞窟内で絵を描いたという説を述べている．カンヴァスや木炭はなくなり，洞窟絵画だけが残ったというのである．いわゆる遺物の研究では，残りやすいものが残るという

バイアスを考えておく必要がある．大型動物はいつでもとれる獲物ではない．特別な獲物だ．いわばそれを祝って描いたのかもしれない．大漁旗のようなものかもしれない．

もう1つ洞窟画でおもしろいのは，ネガティヴ・ハンドと呼ばれる手形である．これは手を壁面に押しつけて顔料を吹きつけたものである．いまならばエアブラシを使うところだが，口に顔料を含んで吹きだして同じものがつくれる．さらに絵は左手がほとんどである．エアブラシなら利き手でブラシを持つからそうなるかもしれないが，口から吐きだすなら，左右どちらの手でもよさそうだ．また手が小さいことも特徴で，女の手ではないかといわれている．実際にはなんのためのものだかよくわからないのだが，現在でも同じようなことをしている人たちがいる．オーストラリアのアボリジニだ．彼らは自分たちがいる証拠としてネガティヴ・ハンドをつくる．洞窟のネガティヴ・ハンドを見ると，指が欠損しているものがある．日本だと，わけありの人が「指をつめた」のかと思うところだが，実際に指がないのではなく，指を折り曲げることによってなにかを示しているのかもしれない．私たちは数を表すのに指を曲げる．指は案外多くの情報を伝えられるのだ．ネガティヴ・ハンドがアートかどうかは微妙だろうが，アートのメッセージ性という意味では興味深い．日本人は相撲取りの手形をよろこぶ．生まれたての赤子の手形，足形を保存する人もいる．もちろん相撲取りの手は並の人間より大きいということもあろうが，ヒトは手の跡になんらかの強化効果を見いだすのかもしれない．

8.3 岩絵

洞窟絵画に似ているものに岩絵がある（**図 8.2**）．こちらは雨風がしのげる洞窟と違い，風雨にさらされるわけだから保存は悪い．残

図8.2 岩絵

っているのはオーストラリアの岩絵で，古いものはおよそ4万年前のものといわれている．どうして残ったのだろう．どうやら顔料のところに微生物の膜ができ，それが化石化したらしい（余談になるが，このことを明らかにしたのが専門家ではなく筆者も面識がある神経科学者のジャック・ペテグルーであるのがおもしろい）．岩絵と洞窟絵画を見較べるとずいぶん描き方が違う．洞窟絵画が写実的であるのに対し，岩絵は人体などがかなり変形されていて，なにかポップアートのようである．この岩絵における変形はある種の様式となっており，長い間変わらない．人物は飾り物や衣類を身につけているが，どうもアボリジニが描くものとは違う特徴がある．絶滅した別の集団ではないかという説もあるくらいだが，いわゆる先住者の民族問題とも関係するのでこれは微妙な問題らしい．

　なんといっても岩絵でおもしろいのは，アボリジニがいまでも描いているということである．基本的な様式は伝承されているが，モリスによれば昔のもののほうが優雅で芸術的だという．岩絵はおそ

らくメッセージを伝える記号という側面があり，そうであれば単純化されていくことも納得できる．また，私たちには抽象的と思えるものも，実は植物の種の集まりや地面のひび割れをある角度から見たものだったりするので，表現の仕方が違うだけなのかもしれない．

　岩絵に似ているのが，アボリジニの樹皮画だ．これにもいろいろあるが，アーネムランド西部のものは，あたかもレントゲンで透視したように骨格や内蔵まで描きこまれている．おそらくは狩猟後の解体による知識が生かされているのだろう．このように，絵を描くという行為は，時代と場所，民族を超えて見られる．私たちは読み書き算数だけでなく，「義務」教育として絵の稽古をさせられる（個人的にはたいへん苦手だった音楽の稽古もさせられる）．特に生き残りに必要でない技能の習得を義務にしているところがおもしろい．火星人が現代人の学校を観察したとすると，ヒトにとって絵画や音楽が特別な行動であると結論づけるかもしれない．

8.4　ボディ・ペインティングから絵画へ

　洞窟絵画は多くの芸術家を感心させたように，芸術の域に達している．そして，それがなんらかのメッセージであることもたしかなようだ．問題はその前段階でなにがあったのかということになる．おそらくボディ・ペインティングのようなものではなかろうかと思う．これは作品としては残らない．しかし，顔料の存在は絵画の存在より古い．ニューギニアのパプア族，スーダンのヌバ族などが見事なペインティングをするが，色や模様にはメッセージとしての約束事があり，ヌバ族では少年は赤や白を使ってもよいが，大人にならないと黒は使えない．日本のお歯黒（昔既婚女性は歯を黒く染めていた）などもメッセージ性のあるボディ・ペインティングといえ

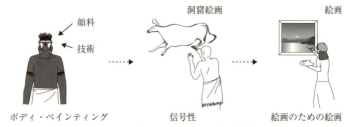

図 8.3 ボディ・ペインティングから絵画へ
絵画の起源はボディ・ペインティングではないかと思われる.

る.アボリジニのボディ・ペインティングは宗教儀礼のためのものと考えられている.しかし,もともとボディ・ペインティングは不必要な作業である.そして特別な利益があるわけではない.だいぶ時間がかかるであろうことは現在のボディ・ペインティングや,なにより婦人のお化粧を考えれば推測がつく.美容室という専門の商売すらある.つまり,余計なことに費やす時間や労力があることの信号になる.ボディ・ペインティングの起源が性選択に関係することは容易に想像がつく.洞窟絵画は社会的な信号だったボディ・ペインティングの技能を,他のメッセージ伝達や宗教儀礼に転用していったものではないかと想像できる (**図 8.3**).

8.5 アートに先立つ美意識はあったのか

この本では,芸術(アート)は美をつくりだす活動だとしている.私たちの祖先は自分たちで美をつくりだす以前に,すでに自然にあるものに美を感じていたのだろうか.つまり,美意識あるいは美の強化効果は芸術活動より先にあったのだろうか? もちろん,私たちは人間がつくったもの以外のものにも美を感じる.山にも花にも美を感じる.第1章で説明した自然美というものだ.

英国のスワンスコブで美しい珊瑚の化石が見つかっている(**図

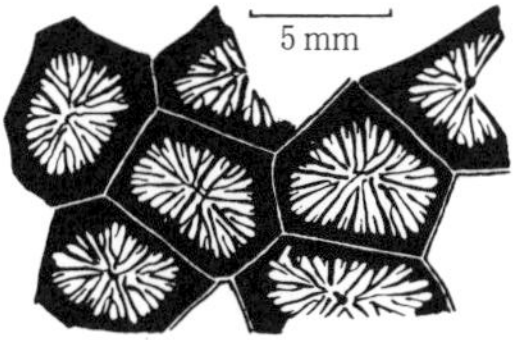

図8.4 スワンスコブの珊瑚の化石[3)]
海から離れた遺跡で見つかった.

8.4).スワンスコブから海までは100マイル以上離れている.これらは海からヒトの手によって運ばれてきたのに違いない.そして,なんのためにそれが運ばれてきたかが謎なのである.つまり,珍しい,美しい,という以外の機能が考えられないのだ.

　珍しいもの,規則性のある模様,ある程度の複雑性のあるもの,それらのものは,他の機能をもたなくても私たちに対して感性強化をもつ.そして他人に見せびらかすこともできる.私たちの芸術のもとは,自然美を人工的に再現するような作業からはじまったのかもしれない.ボディ・ペインティングも自然美からヒントを得て,より社会的強化を得られるもの(褒められる,感心されるもの)へと進化し,やがて自分たちの体以外を対象とするようになったとも考えられる.

文 献

まえがき

1) Hoquet, T. (2015) *Current Perspectives on Sexual Selection: What's Left After Darwin.* Springer.
2) Watanabe, S., Kuczaj, S. (eds) (2013) *Emotions of Animals and Humans: Comparative Perspectives.* Springer.

第1章

1) Berlyne, D.E. (1971) *Aesthetics and Psychobiology.* Appleton-Century-Crofts.
2) Humphrey, N.K. (1972) 'Interest' and 'pleasure': two determinants of monkey's visual preference. *Perception*, 1: 395-416.
3) Watanabe, S. (2002) Preference for mirror images and video image in Java sparrows (*Padda oryzivora*). *Behav Processes*, **60**: 35-39.
4) Voland, E., Grammer, K. (eds) (2003) *Evolutionary Aesthetics.* Springer.
5) Grammer, K., Fink, B., Møller, A.P., Thornhill, R. (2003) Darwinian aesthetics: sexual selection and biology of beauty. *Biol Rev Camb Philos Soc*, **78**: 385-407.
6) Thornhill, R. (1998) Darwinian aesthetics. In: Crawford, C., Krebs, D.L. (eds), *Handbook of Evolutionary Psychology.* Lawrence Erlbaum Associates, 543-572.
7) Rothenberg, D. (2011) *Survival of the Beautiful Art, Science, and Evolution.* Bloomsbury.
8) Davies, S. (2012) *The Artful Species: Aesthetics, Art, and Evolution.* Oxford University Press.
9) Dutton, D. (2009) *The Art Instinct: Beauty, Pleasure and Human*

Evolution. Bloomsbury.

第2章

1) Dutton, D. (2009) *The Art Instinct: Beauty, Pleasure and Human Evolution*. Bloomsbury.
2) Appleton, J. (1975) *The Experience of Landscape*. Wiley.
3) Pinker, S. (1997) *How the Mind Works*. W.W.Norton and Company.
4) 志賀重昂 (1976)『日本風景論』講談社.
5) Thayer, G. (1909) *Concealing Coloration in the Animal Kingdom*. Macmillam.
6) Cott, H. (1940) *Adaptive Coloration in Animals*. Methuen.
7) クローニン H 著, 長谷川眞理子 訳 (1994)『性選択と利他行動：クジャクとアリの進化論』工作舎.
8) ミラー J 著, 長谷川眞理子 訳 (2002)『恋人選びの心：性淘汰と人間性の進化』岩波書店.
9) Alcock, J. (2009) *Animal Behavior: An Evolutionary Approach*. Sinauer.
10) Fisher, T.A. (1930) *The Genetical Theory of Natural Selection*. The Clarendon Press.
11) Cezilly, F. (2015) Preference, rationality and interinvidaul variartion: The persisting debate about female choice. In: Hoquet,T.(ed), *Current Perspectives on Sexual Selection*. Springer. 191-210.

第3章

1) Kawabata, H., Zeki, S. (2004) Neural correlates of beauty. *J Neurophysiol*, **91**: 1699-1705.
2) Fairhall, S.L., Ishai, A. (2008) Neural correlates of object indeterminacy in art compositions. *Conscious Cogn*, **17**: 923-932.
3) Ishizu, T., Zeki, S. (2011) Toward a brain-based theory of beauty. *PLoS ONE*, **6**: e21852.
4) Zeki, S., Romaya, J.P., Benincasa, D.M.T., Atiyah, M.F. (2014) The experience of mathematical beauty and its neural correlates. *Front Hum*

Neurosci, **8**: 68.
5) Ishizu, T., Zeki, S. (2014) A neurobiological enquiry into the origins of our experience of the sublime and beautiful. *Front Hum Neurosci*, **8**: 891.
6) リベット B 著, 下条信輔 訳 (2005)『マインド・タイム：脳と意識の時間』岩波書店.
7) Cela-Condea, C.J., Garc′ıa-Prietob, J., Ramascoc, J.J., *et al.* (2013) Dynamics of brain networks in the aesthetic appreciation. *Proc Natl Acad Sci USA*, **110**: 10454-10461.

第 4 章

1) von Frisch, K. (1974) *Tieres als Baumeister*. Verlag Ullstein.
2) 長谷川堯 (1992)『生きものの建築学』講談社.
3) ルドルフスキー B 著, 渡辺武信 訳 (1976)『建築家なしの建築』鹿島出版会.
4) 鈴木まもる (2001)『世界の鳥の巣の本』岩崎書店.
5) Goodfellow, P. (2011) *Avian Architecture: How Birds Design, Engineer and Build*. Princeton University Press.
6) Day, L.B., Westcott, D.A., Olster, D.H. (2005) Evolution of bower complexity and cerebellum size in bowerbirds. *Brain Behav Evol*, **66**: 62-72.
7) Hansell, M. (2007) *Built by Animals: the Natural History of Animal Architecture*. Oxford University Press.
8) Baptista, L.F., Keister, R.A. (2005) Why birdsong is sometimes like music. *Perspect Biol Med*, **48**: 426-443.
9) Engesser, S., Crane, J.M.S., Savage, J.L., *et al.* (2015) Experimental evidence for phonemic contrasts in a nonhuman vocal system. *PLoS Biol*, **13**: e1002171.

第 5 章

1) ブッシュ H, シルヴァー B (1995)『ネコはなぜ絵を描くか：キャットアートの理論』TASCHEM.
2) 斉藤忠徳 (1998)『絵を描く犬』ぶんか社.

3) Kellogg, W.N., Kellogg, L.A. (1933) *The Ape and Child: a Study of Environmental Influence upon Early Behavior*. McGraw Hill.
4) Kohts, N. (1935) *Infant ape and human child*. Scientific memories of the Museum Darwininun, Moscow, cited in Morris (1962).
5) モリス D 著,小野嘉明 訳 (1975)『美術の生物学：類人猿の画かき行動』法政大学出版部.
6) Saito, A., Hayashi, M., Takeshita, H., Matsuzawa, T. (2014) The origin of representational drawing: a comparison of human children and chimpanzees. *Child Dev*, **85**: 2232-2246.
7) Gucwa, D., Ehmann, J. (1985) *To Whom It May Concern. An Investigation of the Art of Elephants*. W.W. Norton & Company.
8) モリス D 著,別宮貞徳 訳 (2013)『人類と芸術の 300 万年』柊風舎.
9) Patel, A., Iversen, J., Bregman, M., Schulz, I. (2009) Experimental evidence for synchronization to a musical beat in a nonhuman animal. *Curr Biol*, **19**: 827-830.

第 6 章

1) Cook, R.G., Wright, A.A., Drachmana, E.E. (2013) Categorization of birds, mammals, and chimeras by pigeons. *Behav Processes*, **93**: 98-110.
2) Watanabe, S., Ito, Y. (1991) Individual recognition in pigeon. *Bird Behaviour*, **36**: 20-29.
3) Watanabe, S. (2011) Discrimination of painting style and quality: pigeons use different strategies for different tasks. *Anim Cogn*, **14**: 797-808.
4) Watanabe, S., Wakita, M., Sakamoto, J. (1995) Discrimination of Monet and Picasso in pigeons. *J Exp Anal Behav*, **63**: 165-174.
5) Watanabe, S. (2013) Preference for and discrimination of paintings by mice. *PLoS ONE*, **86**: e65335.
6) Watanabe, S. (2010) Pigeons can discriminate "good" and "bad" paintings by children. *Anim Cogn*, **13**: 75-85.
7) Otsuka, Y., Yanagi, J., Watanabe, S. (2009) Discrimination and reinforcing stimulus properties of music for rats. *Behav Processes*, **80**: 121-127.

8) Watanabe, S., Sato, K. (1999) Discriminative stimulus properties of music in Java sparrows. *Behav Process*, **47**: 53-57.

9) Watanabe, S., Uozumi, M., Tanaka, K. (2005) Discrimination of consonance and dissonance in Java sparrows. *Behav Process*, **70**: 203-208.

10) Watanabe, S., Yamamoto, E., Uozumi, M. (2006) Language discrimination by Java sparrows. *Behav Processes*, **73**: 114-116.

11) Naoi, N., Watanabe, S. (2012) Prosody discrimination by songbirds (*Padda oryzivora*). *PLoS ONE*, **7**: e47446.

12) Shinozuka, K., Ono, H., Watanabe, S. (2013) Reinforcing and discriminative stimulus properties of music in goldfish. *Behav Processes*, **99**: 26-33.

13) Chase, A.R. (2001) Music discrimination by carp (*Cyprinus carpio*). *Anim Learn Behav*, **29**: 336-353.

第7章

1) Ikkatai, Y., Watanabe, S. (2010) Discriminative and reinforcing properties of paintings in Java sparrows (*Padda oryzivora*). *Anim Cogn*, **14**: 227-234.

2) Watanabe, S. (2013) Preference for and discrimination of paintings by mice. *PLoS ONE*, **86**: e65335.

3) Watanabe, S., Shinozuka, K., Kikusui, T. (2016) Preference for and discrimination of videos of conspecific social behavior in mice. *Anim Cogn*, **19**: 523-531.

4) Raucher, F., Robinson, K.D., Jens, J.J. (1998) Improved maze learning through early music exposure in rats. *Neurol Res*, **20**: 427-432.

5) Watatabe, S., Suzuki, T., Yamazaki, Y. (2009) Reinforcing property of music for non-human animals: analysis with pigeons. *Philisophy*, **121**: 1-21.

6) Otsuka, Y., Yanagi, J., Watanabe, S. (2009) Discrimination and reinforcing stimulus properties of music for rats. *Behav Processes*, **80**: 121-127.

7) Shinozuka, K., Ono, H., Watanabe, S. (2013) Reinforcing and discrim-

inative stimulus properties of music in goldfish. *Behav Processes*, **99**: 26-33.
8) Stevenson, J.G. (1969) Song as a reinforcer. In: Hind, R.A. (ed), *Bird Vocalization*. Cambridge University Press.
9) Watanabe, S., Nemoto, M. (1998) Reinforcing property of music in Java sparrows (*Padda oryzivora*). *Behav Processes*, **43**: 211-218.
10) Mingle, M.E., Eppley, T.M., Campbell, M.W., *et al.* (2014) Chimpanzees prefer African and Indian music over silence. *J Exp Psychol Anim Learn Cogn*, **40**: 502-505.
11) Snowdon, C.T., Teie, D. (2010) Affective responses in tamarins elicited by species-specific music. *Biol Lett*, **6**: 30-32.
12) Snowdon, C.T., Teieb, D., Savage, M. (2015) Cats prefer species-appropriate music. *Appl Anim Behav Sci*, **166**: 106-111.

第8章
1) モリス D 著，別宮貞徳 訳 (2013)『人類と芸術の 300 万年』柊風舎.
2) 土取利行 (2008)『絵画洞窟の音』青土社.
3) Oakley, K.P. (1981) Emergence of higher thought 3.0-0.2 Ma B.P. *Phil Trans R Soc Lond B*, **292**: 205-211.

あとがき

　絵描きになるつもりだった．60年も前の話である．いまでも黒板に描くネズミやハトの絵を学生に褒められる．そのたびに，ついに描かれることのなかった多くの名画（？）を想い，少しばかり胸がうずく．それほどの才能ではないことがすぐわかる程度には知性があったので，早々に絵筆を折り，2番目の選択肢である研究者になった．こちらも才能があったとは言いがたいが，筆者の専門とする実験心理学では，問題を実験に落としこむセンスと少しばかりの実験技術があれば，なんとかさまになるものである．

　それでも，どうして絵を観たり，音楽を聴くのか，そしてなによりもなぜ絵を描こうとするのか，というのは筆者が持ち続けた疑問であった．そこで，まともな研究をしながら，ときどき美に関連する実験を試みた．最初から計画的に実験したわけでなく，多少思いつきのような実験をしているうちにそれなりにデータが集まってきた．そうなると，なんとかそれらをまとめてみようという気になってきた．最初から体系的に計画を立てていたのではないので，はっきりしないところや不足なデータに気づき，うんざりしたが，満足できるまでデータをそろえていると閻魔さまのお迎えのほうが先になるだろうと思い，不十分は承知のうえで筆をとった．なにぶん，正統な美学教育を受けたことがないので，怪しいところはそれぞれ専門家に意見を求めた．美学については星聖子，洞窟画については山口徹，神経美学は石津智大，そして全体を通じては長谷川寿一の諸氏にご教示いただいた．また，慶応義塾大学の学部生には読者の

立場から意見を聞かせてもらった．なお，本の作成にあたっては共立出版の山内千尋さんにたいへんお世話になった．記して謝意を表したい．

　美を認めること，美が楽しいことには，やはり，生物学的な起源がある．むしろ，私たちはある種の生物学的特性をもつものを「美しい」と感じ，そのように表現しているといったほうが適切かもしれない．美学の素人である筆者にとって美は感性強化なのだが，ひたすら新奇であることを求めている現代アートは，強化効果以外のものを模索しているようだ．それは生物進化ではなく文化進化の結果であろう．年をとるにつれて人間の将来に悲観的になっており，ヒトという奇妙な動物はいきすぎた文化進化の結果，案外早く絶滅するのではないかと思う．幸いなことに筆者の寿命はそのはるか前で尽きるが，なんとか人間が美を楽しむ時代がより長く続くことを祈っている．

(内野衣美子撮影)

美の心理学

コーディネーター　長谷川寿一

　私たちは日々，美しさを感じ，美しさを愛で，美しさを評価し，美しさを求める．美をめぐっては，われわれの心のはたらきの三大要素，認知（知），感情（情），動機づけ（意）が総動員されている．したがって，美は心理学にとってきわめて重要なテーマであり，「美の心理学」があってしかるべきなのだが，これまで「美」が心理学の表舞台に出ることはほとんどなかった．わが国の心理学事典のうち，最も定評があり，かつ大部で最新の『心理学事典』（平凡社）で探してみても，主項目名のみならず索引にも「美」が出てこない．あたかも，現代心理学という学問領域には，美が存在しないかのようである．

　このようなすぽっと空いた空白地帯を埋めんとばかり，心理学界きっての碩学，渡辺先生が筆をとったのが本書である．渡辺先生のご専門は動物心理学あるいは比較心理学であり，膨大な数の動物実験を通じて心や認知の本質に迫ってこられた．本書でも，渡辺先生ご自身の動物実験美学とでもいうべき研究が数多く紹介されている．しかし，本書は動物の話にとどまらず，経験科学としての美学，すなわち美に関する実証的研究を広く俯瞰できるような構成になっている．

　第1章「経験科学としての美学の成り立ち」では，実証的美学研究の学史と現在の研究動向が述べられている．歴史を語るとき，渡辺先生の筆はいつも軽やかであり，博識さと先生の熱い想いが交

差する．本章でも，普通であれば退屈になりかねない，カントやフェヒナーの主張や論考が平易に解説され，すとんすとんと理解できる．フェヒナーからはじまる美の実証研究は，バーラインの新実験美学に引きつがれ，動物実験も含めた研究が可能になった．ただし，それが心理学のメインストリームにならなかったことは，上述のとおりである．現在，経験科学としての美学は，進化美学，神経美学，統計美学といった領域で展開され，第2章以降でより詳しく論じられる．

　第2章「美の進化的起源」では，いわゆる進化美学の概要が述べられている．本書の冒頭に書かれているように，渡辺先生は2012年に「性選択としての美」という学際的な国際シンポジウムに参加し，進化美学研究の最先端の議論に参加している．美が自然淘汰を受けて形成されたとしたならば，美には普遍性があると考えられるが，実際にはそのようなことはない．普遍文法や普遍道徳と同じような普遍美は，おそらく存在しないのだろう．渡辺先生は，ピンカーのチーズケーキ仮説（過去の適応の副産物としての美）も紹介しているが，それに賛同しているわけでもない．「動物の審美眼」として引きあいに出されるのは，性選択におけるメスによる配偶者の選り好みであり，本書でも多くの研究紹介がなされているが，それもまた人間の審美観全般を説明するわけではない（男性による女性の魅力度の評価はかなりの程度説明できるかもしれないが）．進化をふまえて，渡辺先生が強調するのは，美の主要な機能としてメッセージ性があるという点である．動物たちの美はメッセージ・アートであるという指摘はそのとおりで，芸術の起源としては情報伝達があったという指摘は重要である．

　第3章は，近年発展が著しい，「美の神経科学」，別名神経美学に関する章である．動物を用いた快感の脳内報酬系は，中脳の腹側被

蓋から大脳の側座核に至る経路に対応すること，また人間のコカイン中毒やギャンブル依存では側座核や眼窩前頭野が活動することが知られていた．神経美学の創設者のゼキは，美しい絵画を見せると大脳の内側眼窩前頭皮質と前帯状回が活性化することを明らかにし，美と快感の関連を明らかにした．渡辺先生の解説は，音楽や文学，数式の美しさの神経美学まで展開していく．さらに瞬時の美的感動や美的評価が，DMN(Default Mode Network)と呼ばれる脳のデフォルト状態の活動に対応しているという最近の研究や，脳損傷が芸術活動にどのような影響を及ぼすかという神経心理学的研究についても興味深く語られている．

第4章では，「動物たちの芸術的活動」という，いわば芸術の比較行動学，比較認知科学研究が解説される．動物がつくる美しい造形物，特に鳥の巣や歌は，人の目や耳にも美しく映り響く．自然がつくりだす普遍的な機能美もあるが，ニワシドリの巣のように独特の装飾美もある．複雑な東屋をつくるニワシドリの脳は，東屋をつくらない近縁種の脳よりも大きいとのことであり，装飾的創造活動が脳の進化を促したことが示唆され興味深い．この章で紹介される動物たちの技能は，たしかに人間の芸術活動と重なる部分があるが，渡辺先生は動物の「芸術活動」の起源が求愛である以上，機能的自律性に欠けること，すなわち芸術のための芸術ではないとその限界を示している．人間の芸術活動は，もはや異性を惹きつけるためのものではないということである．

第5章「動物に芸術を教えられるか」は，動物の描画や，音楽に関する研究の章である．チンパンジーは自発的に描画するが，具象画は描けない．ゾウは具象画を描くのだが，実はゾウ使いの指示に従っているだけであり，残念ながらそこには創造性はない．音楽のほうでは，最近，スノーボールというオウムのダンスが話題を呼ん

でいる．ヒトの音楽に自分の身体の動作をかなり的確に同期することができ，音声模倣の一例だと考えられている．しかし，動物は作品をつくるにしても，作品の価値を評価し，楽しむことはしない，と渡辺先生はクギを刺している．ここでもまた，動物を鏡にすることによって，人間の芸術活動が社会的活動という特性をもつことが浮き彫りにされている．

第6章「動物は人間の芸術を見分けられるか」は，渡辺先生の十八番の領域である．ご存知の方も多いと思うが，渡辺先生は，モネとピカソの絵をハトが見分ける能力をもつことを示し，1995年に日本初のイグノーベル賞を受賞した．渡辺先生が目指すのは，動物でも何々ができるということだけを示すのではなく，その認知神経メカニズムの解明である．画風の違いがわかるとしたら，その手がかりはなにか，それはヒトが用いる手がかりと同じか違うのか，と知的な謎は深まっていく．さまざまな動物種で，多様な刺激についての弁別実験がおこなわれていることに驚かされるが，これらの研究を通じて，動物たちの「世界観」と，種ごとの認知神経システムの固有性が解明されるのである．

第7章「動物はヒトの芸術を楽しむか」では，単なる作品の弁別を超えて，動物が作品に選好性を示すか，作品によって学習を促進できるかが論じられる．専門用語でいえば，種を超えた感性強化に関する領域で，いわば動物美学の序論である．研究はまだはじまったばかりなので，これからが楽しみな領域であるが，応用面では動物の飼育環境の改善や福祉につながることが期待される．

最後の第8章で，渡辺先生は「洞窟絵画の謎」に迫る．洞窟絵画は，人間の芸術活動のルーツを探るうえで，たいへん貴重な文化財である．私も南西フランスの真っ暗な洞窟の奥深くで，実物のマンモス像を見学したが，作品の躍動感は心打つものだった．しかし，

このような洞窟絵画についてはまだまだ多くの謎が残されている．なぜ洞窟深部で描いたのか，呪術性はあるのかないのか，なぜ大型獣ばかりなのか，長年様式が変化しないのはなぜか，などなど，それだけでも1冊の本になるくらいである．渡辺先生は，遺跡として残らない洞窟絵画以前の美術として，性選択と関連するボディ・ペインティングをあげ，そこで磨かれた技法が洞窟絵画で生かされたのではないかと推察している．このあたりは，検証が難しいが，小規模伝統社会（狩猟採集社会）における芸術活動の野外研究のメタ分析が期待される分野である．

　本書では，渡辺先生の名ガイドに導かれ，読者は，人間の芸術活動の萌芽が他の動物においてどのように表れるか，その機能はなにか，他の動物には見られない人間の芸術の固有性はどこにあるのかを，知識として学び，自身で考えることになる．私は，現在，渡辺先生と「共感性の進化・神経基盤」というプロジェクトで共同研究をおこなっているが，共感性についても，芸術（あるいは美）と同じように，動物との連続性とヒトの固有性の両面を浮き彫りにする作業が重要である．動物の心理・行動の研究は，それ自体でも意義があり，奥行きも深いのだが，大局的には，「人間とは何か」，「われわれはどこからきた，何者なのか」を考えるうえで，不可欠な研究分野なのである．読者の皆さんにも，ぜひ，本書を読みながら，自分のルーツと，現代人の生物としての特別さに思いを馳せていただきたい．

索 引

【人名】

アウスト　90
石津智大　47
インメルマン　63
ヴィヴァルディ　99
ウィリアムズ　127
ウォーレス　27
オールズ　43
岡本太郎　16
カーター　99
ガウディ　58
ガウト　15
川畑秀明　47
カンディンスキー　52,93
カント　2
ギュイヨー　3
グーラン　127
クック　83
ケロッグ　73
コーツ　73
コット　29
ゴッホ　86
斉藤忠徳　73
ザハディ　33
シェーンベルク　99
志賀重昂　22
篠塚一貴　104
スキナー　9
スティーヴンス　5

ストラヴィンスキー　98
スノードン　122
スペンサー　8
ゼキ　12,46
セザンヌ　87
セズリイ　38
ソーンダイク　9
ダーウィン　12
ダットン　14
チョムスキー　16
土取利行　126
ディサンヤク　39
テイヤー　29
テイラー　67
デュシャン　16
バーク　2
バーライン　6
ハーロウ　10
ハーンスタイン　85
ハウザー　17
バウムガルテン　2
長谷川堯　58
バッハ　98
ハンセル　67
ハンフリー　128
ピカソ　16,86
ピンカー　8,21
フェヒナー　4
フバー　90
ブラック　87

フリシュ　57
ブルトン　52
プレハーノフ　4
ベリッジ　45
ベンサム　8
ボーリング　6
マチス　87
円山応挙　53
ミズン　125
ミラー　34,55
モース　79
モネ　86
モリス　73
モルガン　25
モンドリアン　93
ラヴェル　55
ラマチャンドラン　15
リーズン　128
リベット　52
ルノワール　87
レステル　67
レンシュ　11
ロマネス　25

【生物名】

アカゲザル　97
アメリカトキコウ　62
アリ　62
イルカ　80
イワツバメ　33
ウグイス　100
エリマキトカゲ　32
オウム　79
オキナインコ　62
オマキザル　74
カイツブリ　61
キツツキ　69
キンカチョウ　32,35,68,100

キンギョ　104,116
クジャク　24,27,32
クリボウシオーストラリアマルハシ　69
コイ　104
コモンマーモセット　114
ゴリラ　74
サイホウチョウ　62
サテンアズマヤドリ　67
サル　10,45
シクリッド・フィッシュ　38
シジュウカラ　69,99
シチメンチョウ　32
シャカイハタオリドリ　62
ズアオアトリ　118
ズキンコウライウグイス　61
ゾウ　77,80
ソードテイル・フィッシュ　38
チンパンジー　73,80,120
ツカツクリ　61
ツノオオバン　61
デグー　119
トゲウオ　35
トックリバチ　63
ニワシドリ　32,63
ネコ　122
ネズミ　9,45,92
ハタオリドリ　58,62
ハチ　83
ハト　79,83,86,99,114
フラミンゴ　29
ブンチョウ　12,88,99,100,108,118
ボノボ　80
マウス　92,109,113
マダラカササギビタキ　62
マヒワ　32
ムクドリ　97
ヤシオウム　69

ヤマガラ　79
ヨーロッパムシクイ　32
ラット　43,98,104,113,116
ワタボウシタマリン　114,122

【欧文】

DMN　53
fMRI　47

【あ】

東屋　63
アルタミラ洞窟　126
岩絵　129
印象派　87
運動技能　81
音楽の弁別　97

【か】

絵画弁別　86
海馬　48
カテゴリー　85
画風　86
カモフラージュ説　27
眼窩前頭皮質　47
環境エンリッチメント　114
感性強化　9
擬人主義　26
機能的自律性　66
逆説的機能促進　54
求愛行動　63
キュビスト　87
強化　9
強化効果　106
具象画　82
芸術化　40
芸術学校仮説　67
芸術のビッグバン　125
言語の弁別　101

効果の法則　9
刻印づけ　40
古典的条件づけ　104

【さ】

サヴァンナ仮説　18
作品の価値　81
サザエさん　85
山岳美学　22
視覚認知　90,91
実験美学　4
児童画　95
社会的地位　65
社会的美学　3
シュールリアリズム　35
春画　110
正直な信号仮説　32
上手下手　94
小脳　66
ショーヴィエ洞窟　126
進化美学　12
審美学　1
心理物理学　4
数学的美しさ　50
崇高　2
スクランブル刺激　90
スノーボール　79
スワンスコブの珊瑚　133
性選択　25
西洋画　89,90
線画　83
前頭側頭型認知症　55
ゾウの描画　77
側座核　43

【た】

「チーズケーキ」の仮説　21
チャーリー・ブラウン　83

チンパンジーの描画　73
突っ走り仮説　36
ディスプレイ元気説　30
適応の指標　32
洞窟絵画　125
動物の建築　57
ドーパミン　44
鳥の歌　67
鳥の巣　59

【な】

内因性カンナビノイド　45
内因性モルヒネ　44
並木道型　64
日本画　89,90
ネアンデルタール人　126
ネガティヴ・ハンド　129
脳内自己刺激　43
脳内報酬期待系　45
脳内報酬系　43

【は】

般化　85
ハンディキャップの原理　33
比較認知科学　iii

不協和音　99
腹側被蓋　43
普遍的な美　15
普遍道徳　17
プロソディ　101
扁桃体　48
弁別　85
母子関係と美　39
ボディ・ペインティング　125

【ま】

漫画　82,83
民族音楽　120
メイポール型　64
メッセージ　41
モーツァルト効果　113
モザイク処理　96

【や】

薬物自己投与法　44
唯物論的美学　4

【ら】

ラスコー洞窟　126
輪郭線　87

著　者

渡辺　茂（わたなべ しげる）

1975 年　慶應義塾大学大学院社会学研究科博士課程修了
現　　在　慶應義塾大学名誉教授 文学博士
専　　門　実験心理学，神経科学，比較認知科学

コーディネーター

長谷川　寿一（はせがわ としかず）

1984 年　東京大学大学院人文科学研究科心理学専攻博士課程単位取得退学
現　　在　東京大学大学院総合文化研究科教授 文学博士
専　　門　人間行動進化学，行動生態学，進化心理学

共立スマートセレクション 10 *Kyoritsu Smart Selection* 10 **美の起源** ―アートの行動生物学 *Origin of Aesthetics* ―*Behavioral Biology of Art* 2016 年 8 月 30 日　初版 1 刷発行	著　者　渡辺　茂　© 2016 コーディ ネーター　長谷川寿一 発行者　南條光章 発行所　**共立出版株式会社** 郵便番号　112-0006 東京都文京区小日向 4-6-19 電話　03-3947-2511（代表） 振替口座　00110-2-57035 http://www.kyoritsu-pub.co.jp/
	印　刷　大日本法令印刷 製　本　加藤製本
検印廃止 NDC 701.4, 701.1 ISBN 978-4-320-00910-3	一般社団法人 　自然科学書協会 　会員 Printed in Japan

---

JCOPY　〈出版者著作権管理機構委託出版物〉

本書の無断複製は著作権法上での例外を除き禁じられています．複製される場合は，そのつど事前に，出版者著作権管理機構（TEL：03-3513-6969，FAX：03-3513-6979，e-mail：info@jcopy.or.jp）の許諾を得てください．

見つかる（未来），深まる（知識），広がる（世界）

共立 スマート セレクション

本シリーズでは，自然科学の各分野におけるスペシャリストがコーディネーターとなり，「面白い」「重要」「役立つ」「知識が深まる」「最先端」をキーワードにテーマを精選しました。
第一線で研究に携わる著者が，自身の研究内容も交えつつ，それぞれのテーマを面白く，正確に，専門知識がなくとも読み進められるようにわかりやすく解説します。日進月歩を遂げる今日の自然科学の世界を，気軽にお楽しみください。

【各巻：B6判・並製本・税別本体価格】
(価格は変更される場合がございます)

❶ 海の生き物はなぜ多様な性を示すのか
―数学で解き明かす謎―
山口 幸著／コーディネーター：巌佐 庸
目次：海洋生物の多様な性／海洋生物の最適な生き方を探る／他 176頁・本体1800円

❷ 宇宙食 ―人間は宇宙で何を食べてきたのか―
田島 眞著／コーディネーター：西成勝好
目次：宇宙食の歴史／宇宙食に求められる条件／NASAアポロ計画で導入された食品加工技術／他・・・・・・126頁・本体1600円

❸ 次世代ものづくりのための電気・機械一体モデル
長松昌男著／コーディネーター：萩原一郎
目次：力学の再構成／電磁気学への入門／電気と機械の相似関係／物理機能線図
・・・・・・・・・・・・200頁・本体1800円

❹ 現代乳酸菌科学 ―未病・予防医学への挑戦―
杉山政則著／コーディネーター：矢嶋信浩
目次：腸内細菌叢／肥満と精神疾患と腸内細菌叢／乳酸菌の種類とその特徴／乳酸菌のゲノムを覗く／他・・・142頁・本体1600円

❺ オーストラリアの荒野によみがえる原始生命
杉谷健一郎著／コーディネーター：掛川 武
目次：「太古代」とは？／太古代の生命痕跡／現生生物に見る多様性と生態系／謎の太古代大型微化石／他・・・248頁・本体1800円

❻ 行動情報処理 ―自動運転システムとの共生を目指して―
武田一哉著／コーディネーター：土井美和子
目次：行動情報処理のための基礎知識／行動から個性を知る／行動から人の状態を推定する／他・・・・・・・・・100頁・本体1600円

❼ サイバーセキュリティ入門
―私たちを取り巻く光と闇―
猪俣敦夫著／コーディネーター：井上克郎
目次：インターネットにおけるサイバー攻撃／他・・・・・・・・240頁・本体1600円

❽ ウナギの保全生態学
海部健三著／コーディネーター：鷲谷いづみ
目次：ニホンウナギの生態／ニホンウナギの現状／ニホンウナギの保全と持続的利用のための11の提言／他 168頁・本体1600円

❾ ICT未来予想図
―自動運転，知能化都市，ロボット実装に向けて―
土井美和子著／コーディネーター：原 隆浩
目次：ICTと社会とのインタラクション／自動運転システム／他 128頁・本体1600円

❿ 美の起源 ―アートの行動生物学―
渡辺 茂著／コーディネーター：長谷川寿一
目次：経験科学としての美学の成り立ち／美の進化的起源／美の神経科学／動物たちの芸術的活動／他・・・・・164頁・本体1800円

● 主な続刊テーマ ●
地底から資源を探す／宇宙の起源をさぐる／踊る本能／シルクが変える医療と衣料／他
(続刊テーマは変更される場合がございます)

共立出版
http://www.kyoritsu-pub.co.jp/
https://www.facebook.com/kyoritsu.pub